はじめに

　本書は、「コミュニケーション力あふれる教室」の作り方を世に示そうとしています。その原型となる教室は、私の「菊池学級」です。地方の一公立小学校の一教諭である私の学級を「モデル」にしているのです。
　大胆な挑戦だと自分でも思っています。

　毎年、多くの方が教室に来られます。授業後の放課後の教室で、次のようなお言葉をよくいただきます。
「子どもらしく生き生きとコミュニケーションを楽しんでいましたね」
「受け持った時から、あのような積極的な子どもたちだったのですか」
「あれだけ白熱するあの子どもたちは、自分に自信を持っていますね」
「挨拶ひとつ取ってみても、強くかかわりたいという思いが伝わります」
「子どもたち同士がほめ合い認め合う学級は居心地よく温かいですね」
……
そして、
「どのような指導をすれば、あのような子どもたち＝菊池学級ができるのか教えてほしい」
「毎年同じようにコミュニケーション力を身につけて子どもたちは育っている。その秘訣を教えてほしい」
といったことが話題になります。

　本書は、そのような声に応えようと思い、執筆にふみ切り出来上がったものです。毎週１回の勉強サークル「菊池道場」のメンバーにも原稿を依頼しました。彼らは、私の教室での事実をふまえて実践を繰り返し行ってくれているからです。
　正直、どこまで応えられたか分かりませんが、全力で書き、まとめました。

「菊池学級」をつくるために、次のページのような実践のポイント（目次）をつくりました。

第1章　「菊池学級」の実際

「菊池学級」の中核となる指導を集めました。「成長ノート」「『価値語』の指導」「対話のある授業」「ほめ言葉のシャワー」です。子どもたちの声をできるだけ取り上げ、教室の事実として紹介しています。それぞれの実践の様子がよく分かるように、写真も多く掲載しています。言葉を大切にした「菊池学級」の雰囲気が伝わると思います。

第2章　朝の指導

「菊池学級」の朝の様子を再現しようと考えました。子どもたちが登校して来てから、1時間目が始まる前までの指導について書いています。この朝の時間にも、友達とつながるコミュニケーション活動を意識して行っています。子どもたちに人気がある「朝の質問タイム（ミニライフヒストリー）」の実践を重点的に書いています。

第3章　対話のあふれる授業

「菊池学級」の授業の特色は、「対話のあふれる授業」です。そのような授業を成立させるためのステップと、そのポイントを示しています。「ペア学習」→「グループ学習」→「ディベート学習」→「自由対話」といった指導のあり方とその実際を示しているのです。全員参加の白熱した話し合いを成立させるヒントがあります。

第4章　書き合う・読み合う指導

「書かせる指導」を中心に記述しています。教師と子どもをつなげる「成長ノート」の活用の手順やその時のポイントを示しています。言葉を鍛え、正しいものの考え方や見方を教えるための「成長ノート」の具体的な実践例です。また、言葉を増やすための「読書指導」と「辞書引き指導」の実際と、その指導方法にもふれています。

第5章　帰りの指導

私の実践のうち、代表的なものである「ほめ言葉のシャワー」について書いています。1年間の指導を3つのステップに分け、それぞれの実践例を示しています。全国の学級で実践が成功するように、子どもたちのつまずきを取り上げながら、それらへ

の指導のコツもていねいに書いています。年間を見通した指導が可能になると思います。

第6章　日常指導

コミュニケーション指導は、即時指導が大切だと言われます。そのことを意識している実践例を具体的に紹介しています。学級を、言葉で「整える」「調える」ための日常の取り組みを書いています。また、子どもたちのトラブルへの対応、気になる子どもへの指導のポイントも、実際の場面を取り上げて記述しています。

第7章　教室環境

コミュニケーション力を育てるための「教室環境」について書いています。「学級目標」の設定とその意味、「価値語モデルのシャワー」の掲示と活用の仕方などの実際の様子です。また、話し合い授業で活用している「自画像画」や、子どもたちの自分らしさを発揮させる「係ポスター（活動）」の事実についても述べています。

第8章　教師の心得5

子どもたちへの指導を行う上で、私たち菊池道場が気をつけていることを書いています。一人ひとりが自信を持ち、安心感のある学級を作るために、教師として心得ておかなければならないと考えていることを5個挙げています。どれも毎日の指導の中で少し意識しておくことで身につき、すぐに実践できるものばかりです。

　第3章は田中聖吾先生、第4章は井上楽人先生、第5章は井上洋祐先生、第6章は中雄紀之先生、第7章は谷川康一先生、第8章は菊池道場メンバーに執筆していただき、それ以外は菊池が担当しました。

　本書が、現場で子どもたちと接している先生方やこれから教師をめざす人たちの「コミュニケーション力あふれる学級づくり・授業づくり」の発想を広げ、実践を深めるきっかけになれば幸いです。

2014年1月5日　菊池道場長　菊池　省三

もくじ

はじめに ……………………………………………………………… 2

第1章　コミュニケーション力あふれる「菊池学級」の実際 ……… 8
　　1　子どもたちから見た「菊池学級」……………………………… 8
　　2「菊池学級」とは「言葉を大切にし合う学級」………………… 12
　　　　(1)「成長ノート」による書くことの指導 ………………… 13
　　　　(2)「価値語」の指導 ………………………………………… 19
　　　　(3)「対話のある授業」……………………………………… 22
　　　　(4)「ほめ言葉のシャワー」………………………………… 38

第2章　温かい人間関係を築く「朝の指導」……………………… 42
　　1「朝の指導」のねらい ……………………………………… 43
　　2「朝の指導」の概略 ………………………………………… 44
　　3-1「教室前の関所」でピリッとした気持ちにさせる ………… 46
　　3-2「朝の黒板メッセージ」で教室で成長し合う自覚を持たせる … 47
　　3-3「朝の質問タイム(ミニライフヒストリー)」でつながりを深め合う … 49
　　3-4「価値語」を教える「ミニ授業」で考え方や行為を鍛える …… 57

第3章　「対話のあふれる授業」で考え続ける子どもを育てる ……… 62
　　1「対話のあふれる授業」のねらい ………………………… 63
　　2「対話のあふれる授業」の概略 …………………………… 64
　　3-1「ペア学習」でコミュニケーションの土台をつくる ……… 66
　　3-2「グループ学習」で協力することのよさを実感させる …… 72
　　3-3「ディベート学習」で子ども同士のつながりを強める …… 80
　　3-4「自由対話」で新しい発見や気づきを楽しませる ………… 86

第4章　「書き合う・読み合う」指導で価値ある言葉を増やす ……… 92
　　1「書き合う・読み合う指導」のねらい …………………… 93
　　2「書き合う・読み合う指導」の概略 ……………………… 94
　　3-1「成長ノート」で子どもを激変させよう ………………… 96
　　3-2　いつでも、どこでも、「読書」をしよう ………………… 108
　　3-3「辞書引き」で圧倒的な語彙量を目指そう ……………… 113

第5章	明日につながる「帰りの指導」－「ほめ言葉のシャワー」 …… 118
1	「帰りの指導」のねらい ………………………………………… 119
2	「帰りの指導」の概略 ……………………………………………… 120
3-1	「ほめ言葉のシャワー(1巡目)」－ホップ ………………… 122
3-2	「ほめ言葉のシャワー(2・3巡目)」－ステップ ………… 134
3-3	「ほめ言葉のシャワー(4巡目)」－ジャンプ …………… 145

第6章	言葉によってつながりを強くする「日常指導」 ………… 150
1	「日常指導」のねらい …………………………………………… 151
2	「日常指導」の概略 ……………………………………………… 152
3-1	トラブルから学ぶ「ミニ学級会」 ………………………… 154
3-2	気になる子に対応する「個と全体をつなげる指導」 ……… 160
3-3	新しい出会いを喜び合う「席替え指導」 ………………… 169
3-4	「教室にあふれさせたい言葉」、「教室からなくしたい言葉」 … 173

第7章	成長を支える「教室環境」 …………………………………… 180
1	「教室環境」のねらい …………………………………………… 181
2	「教室環境」の概略 ……………………………………………… 182
3-1	言葉と子どもをつなぐ「学級目標」 …………………… 184
3-2	「自画像画」を学習で活用 ……………………………… 190
3-3	「成長年表」で成長のあしあとを残す …………………… 194
3-4	「価値語モデルのシャワー」で望ましい行為を増やす …… 199
3-5	自由度を保障する「係活動」 …………………………… 205

第8章	教師の心得5 ……………………………………………………… 211
1	失敗感を与えない ………………………………………………… 212
2	小さな伸びをほめる …………………………………………… 214
3	対話は聞き手を指導する ………………………………………… 216
4	「2・6・2」の法則を守る ……………………………………… 218
5	短期・中期の目標を設定して速成指導しない ………… 220

おわりに …………………………………………………………………… 222

第1章 コミュニケーション力あふれる「菊池学級」の実際

福岡県北九州市立小倉中央小学校
菊池省三

1 子どもたちから見た「菊池学級」

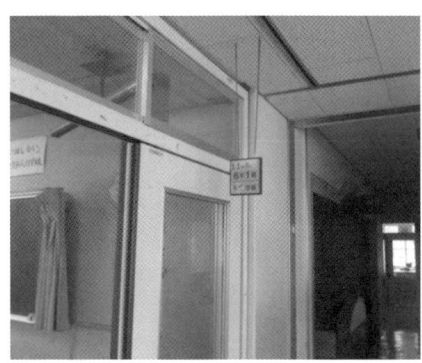

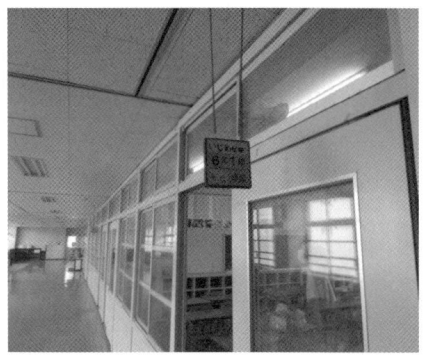

　平成24年度の私の学級の学級札です。2学期の中頃に、子どもたちが「飾りつけ」をしてくれました。色画用紙に、「1人1人が美しい」「いじめゼロ」と書いていました。自信を持って貼りつけていました。教室を自分たちの安心できる居場所だと思えるようになってきたのでしょう。子どもたちの成長の証だと思い、うれしい気持ちで見守っていました。

４月に出会った子どもたちは、人間関係を上手く作れないでいました。素直に自分を表現することができず、そんな自分を守るために相手を攻撃して傷つけ合っていました。そこには、子どもらしい無邪気さはありませんでした。「学級崩壊」に近い形で始業式を迎え、６年１組がスタートしました。

　今までを「リセット」しようと話しました。
　成長する「Ａの道」を進もうと全員に約束させました。
　１日目に「成長ノート」を渡しました。
　時間を見つけては「ほめる赤ペン」を入れました。
　毎朝の教室では、「その日」の子どもたちのよいところをほめました。
　「正しい叱られ方」を教え、厳しく叱ることもありました。
　教師が教え込む授業ではなく、対話のある授業を積極的に仕組みました。
　５月からは「ほめ言葉のシャワー」を始めました。
　子どもたちの希望する係活動を大事にしました。
　２学期からは朝の質問タイム「ミニライフヒストリー」も始めました。
　……

　子どもたちに変化が生まれ始めました。

　少しずつお互いを思いやり、温かい言葉を交わし合うようになっていきました。笑顔が教室にあふれるようになっていきました。自分の意見を臆することなく話せるようになり、それらをていねいに聞き合うことが当たり前になってきました。気持ちのいい白熱した話し合いも楽しめるようになっていきました。

　卒業前にそんな３４人が、「６年１組の特長・特徴」を生活面と授業面についてふり返ってくれました。その時の子どもたちの意見をそのまま記述してみます。

■菊池学級の１年間をふり返って

「６年１組 菊池学級の特長・特徴〜生活編・授業編〜」

＜生活編＞
1. 話し合いが多い
2. ほめ言葉のシャワーをしている
3. 学級目標＝あたたかい話し合い
4. 「あいさつ33連発」をしている
5. 授業の前に礼がない
6. 分からないことは（すぐに辞書で）調べる
7. 声が大きい
8. 黒板がきれい
9. 辞書に付箋がある
10. 「プラス１」をよくする
11. 楽しいニックネームがついている
12. 笑顔あふれる
13. 価値語がある
14. 給食の（片付けの）スプーンがきれい
15. 集会を楽しめる
16. ディベートをしている
17. バカになれる
18. 上靴をふまない
19. 「おかえり」「ただいま」を言っている
20. 机の上にルールが貼ってある
21. 細かいところに集中できる
22. ごみがない
23. （全員で挑戦する）10番勝負がある
24. ことわざ辞典を机の上に置いてある
25. 成長年表がある
26. (「価値語モデルのシャワー」）写真が多い
27. ことわざを使う（ほめ言葉のシャワーの時)
28. （立ち歩く話し合い時に）すみっこに固まらない
29. 意見を尊重し合っている
30. （話し手に）正対する
31. ノートをよく使う
32. （隣の友達との）机の間が開かない
33. 挨拶が元気
34. 先生が写真をよく撮る
35. ためになる本を読む（課題図書など)
36. 仲間はずれがない
37. （耳の不自由な友達に）指文字で教え合う
38. 朝のメッセージがある（朝の黒板)
39. 朝の質問タイム「ミニライフヒストリー」がある
40. 漢字の宿題が多い
41. 読書の時間が多い
42. 「成長ノート」がある
43. 男子女子の関係がない

44. 黒板にみんなの顔がある（自画像画）
45. （非日常）他の人との交流が多い
46. 公ーおおやけーを目指している
47. 教室を自分たちで飾っている
48. 日めくりカレンダーがある（ほめ言葉のシャワー）
49. 「1年後に言われたい言葉・言われたくない言葉」がある
50. 「教室にあふれさせたい言葉・なくしたい言葉」がある
51. 教室の隅にほこりがない
52. バレンタイン・ホワイトデーを楽しんでいる
53. （座っているときに）足裏をつけている
54. （係活動の）ポスターだらけ
55. 討論をよくする

<授業編>
1. 辞書を引くことが多い
2. 自習の時静か
3. （授業の）感想を必ず書く
4. 教科書に赤線がたくさん引かれる
5. 教科書などは話し合いの意見に使うことが多い
6. おもしろい例を出す人がいる
7. あたたかい話し合い
8. 話し合いがかみ合う
9. 感想を三つ言う
10. 誰かが話している時にその人の顔を見て聞く
11. 話し合いが豊か
12. となりの人と話すことができる
13. 背筋を伸ばしている
14. 足をつけている
15. 教科書を読む
16. 教え合う
17. 筆箱にチャラチャラしたものがない
18. こだわった授業がある
19. 引用しながら話し合いの意見をつくる
20. 先生の目を見る
21. ノートの使い方がきれい
22. 周りに流されない（ひとと意見を区別している）
23. 疑問になった意見が分かれたらすぐにディベート
24. ノートがメモだらけになってすき間がない
25. 誰かがよいことがんばったことをしたら拍手でほめ合う
26. 話し合いは全員参加
27. 分からないことがあったらすぐに聞く

28. 集中して勉強ができる
29. 相手との目線
30. 体を相手に向ける
31. 着手スピード
32. （活動の）ふり返り
33. ○○さん（指名）
34. 辞書を引く
35. 顔の絵を使う（自画像画）
36. 黒板に字を書くことがある
37. ノートに書く
38. 討論の翌日に調べてきている
39. 知ろうという気持ちがある
40. 討論で分かり合える
41. 自由起立発表
42. 雑音がない
43. 黒板、ノートにぎっしり書く
44. 討論をする
45. 黒板が真っ白になるぐらいみんな書く
46. パソコンなどで調べる
47. 拍手が絶えない
48. 算数、国語、社会、理科でも公につなげる
49. ビッシリ書く
50. 手を挙げる時は「はい」と言わない
51. 手を真っ直ぐ挙げる
52. ノートへの着手スピードがはやい
53. 話し合いの時など相手の立場に立って考える
54. 教科書に書き込む
55. 「プラス1」をする
56. 賛成か反対かで討論する
57. 何かが終わったら読書
58. 国語の題名の横に○が10個
59. 話し合いがよくある
60. 集中できる
61. 資料を持ってくる（証拠）
62. 「絶対解」じゃないときは、「散歩」する人がいる
63. 集中力が高まった
64. ほめることが高まった
65. ふつうの話し合いではない白熱した話し合いが多い

（平成25年3月14日調査）

1年間でしたが、「菊池学級」をよく分析していると思いました。
　一言で表すと、「言葉を大切にし合う教室」であることを実感しているということです。子どもたちなりに、
　　○書く活動を日常的に行っている
　　○価値語を増やす努力を常にしている
　　○ほめ合い認め合う関係を築いている
　　○礼儀やマナーも含んだ学習規律を身につけている
　　○話し合いを積極的に取り入れた授業を楽しんでいる
といった点を自覚しているということです。
　具体的にこれらの点について、私なりに説明していきます。

2　「菊池学級」とは「言葉を大切にし合う学級」

　写真は、平成25年度5年生の「成長ノート」の表紙です。（11月時点）

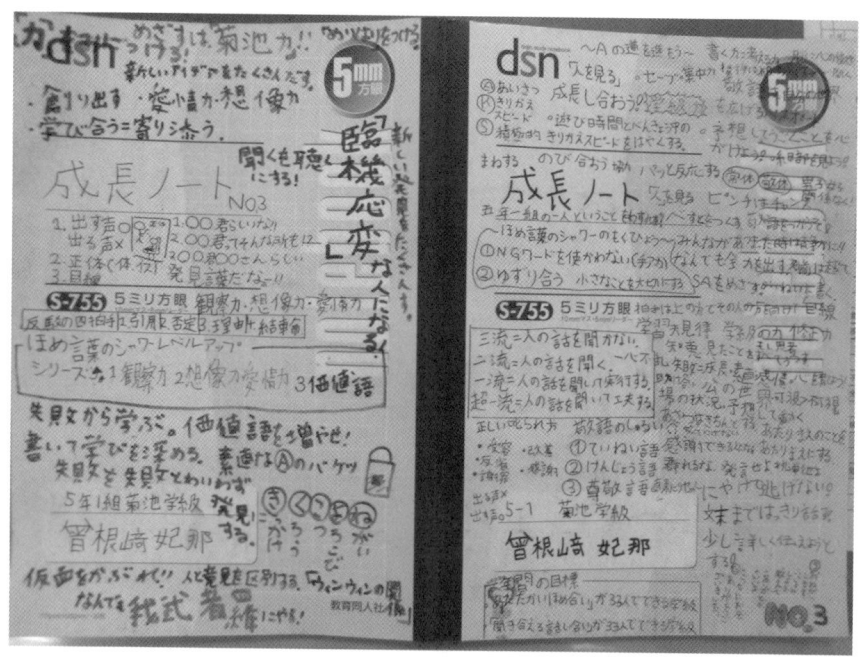

(1)「成長ノート」による書くことの指導

　この「成長ノート」は、
・教師が書かせるテーマを与える
・書くことに慣れさせる
・自分の成長を意識させる
・教師が子どもとつながる

といったねらいを持っています。10 数年前から毎年実践している取り組みです。年間４〜６冊書かせます。年間で 150 ほどのテーマを与えます。具体的には第４章の道場メンバーの実践内容を参考にしてください。

　全てのテーマのキーワードは、「成長」です。毎回、具体的には次のような流れになります。

　「成長」に必要なテーマを与えて書かせ、
　教師がそれに「励まし」のコメントを入れ、
　それを繰り返すことで成長を自覚させ、
　教師と子どもとの関係を強いものにする。

下の写真は、書くことが苦手だった子どもへの教師のコメントです。

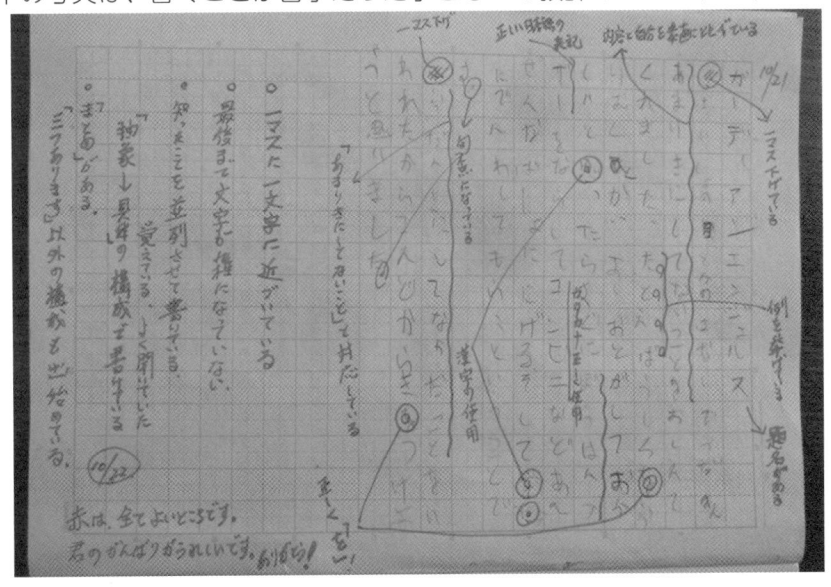

平成24年度6年1組「成長ノート」とテーマ一覧

1. 先生への質問
2. 気の利いたこと
3. 教室にあふれさせたい言葉・なくしたい言葉（アンケート結果視写）
4. 6年生になってがんばっていること3つと今の気持ち
5. 窓の空から見たこと＜箇条書き＞＜自由起立発表＞
6. 「雨」という言葉からイメージすること
7. 1枚の絵を見て
8. 自由起立発表で考えたこと思ったことを3つ書きます
9. 具体的と抽象的
10. 6年生の約束
11. NHK取材が始まる水曜日からがんばること
12. 一年後に言われたい言葉言われたくない言葉（アンケート）
13. 友達紹介質問ゲームの感想
14. 6年生の約束のふり返り
15. 道徳「1本のチューリップ」感想
16. 6年生になって心に残っている言葉
17. 道徳「叱られ方」感想
18. 最近の自分の成長
19. 集会「キックベース」の感想
20. 先生の動作を見て作文を書こう＜事実と意見＞
21. 席替えの感想
22. 1か月をふり返って

　　　　　　　　　　　　　　　　　　　　　　以上4月

23. 先生へ
24. ゲーム「自己紹介すごろくゲーム」の感想
25. 「ほめ言葉のシャワー」岩崎さんを終えて
26. 「ほめ言葉のシャワー」井澤君を終えて
27. 「ほめ言葉のシャワー」江月さんを終えて
28. 「ほめ言葉のシャワー」井上君を終えて＜数字・会話文・固有名詞＞
29. 道徳「道徳とは？」道徳は、心を成長させる授業
30. 6年1組の話し合いをもっとよりよいものにしよう
31. 「ほめ言葉のシャワー」井上勢渚君を終えて
32. 「ほめ言葉のシャワー」大森さんを終えて
33. 5年生のころはどうだったのか
34. 過去のことでやめなければいけない行為
35. 過去をリセットして未来をどうするべきか
36. みんなの目標を決めてみんなで成長しよう＜学級目標＞
37. 1年後の自分たちを想像しよう
38. ディベート大会をふり返って
39. 運動会のふり返り
40. 人と人が話し合うということは？
41. もっと「ほめ言葉のシャワー」をよくするために

　　　　　　　　　　　　　　　　　　　　　　以上5月

42. 係活動発表会
43. 聞き合う教室
44. NHKの方の書かれた板書を視写
45. 音楽鑑賞会　お礼の手紙
46. グループのマスコットキャラクター決めを終えて
47. 上條晴夫先生大好き
48. ディベート学習をふり返って
49. 今日の目標
50. 学習規律を考える
51. 今日の目標
52. 明日の授業参観でがんばること
53. 道徳「コミュニケーション」感想
54. 授業参観のふり返り
55. 下級生に範を示すとは
56. 1学期前半の読書生活のふり返り
57. なぜ、手を挙げて発表できないのか
58. 「ほめ言葉のシャワー」1巡目を終えて
59. 第2回「ほめ言葉のシャワー」をもっとよいものにするためにどうすべきか考えよう
60. 「ほめ言葉のシャワー」の感想の言い方
　　・自己確認　・自己拡大　・コミュニケーション
61. 5分休憩は、休み時間ではない
62. 「偉い人」とはどのような人か
63. 二重人格にはなるな「なぜ掃除ができないのか」
64. 学級を「仕切る」とは「6年生らしい自習にしよう」
65. 研究授業でがんばること
66. 道徳「少年院」の感想
67. 今日のていねいさと根気強さ
68. 「成長ノートNo.1」が終わって
69. 当たり前のことを当たり前に
70. 谷村君の「ほめ言葉」を書く
71. 2か月間をふり返って

　　　　　　　　　　　　　　　　　　　　　以上6月

72. 澤田君の「ほめ言葉」を書く
73. 先生が出張の時に仕切る人
74. 先生が居ない1日のふり返り
75. 今までの話し合いを通して学んだこと
76. なぜ、よくなってきているのか
77. 下田さんの「ほめ言葉」を書く
78. 1学期にがんばった学び
79. 3つあります作文「NHKの取材を通して学んだこと」
80. IメッセージとYOUメッセージ
81. 1学期の反省
　　　・読書生活　・係り活動　・ほめ言葉のシャワー

　　　　　　　　　　　　　　　　　　　　　以上7月

15

82. 成長のために「超一流の人は？」
83. いじめのないクラスを　これからの決意
84. 「一人でいる力」を考える日にしよう
85. 山本君の「ほめ言葉のシャワー」＜ユーモア＞
86. 「顔晴る」ということ
87. 「価値ある無理」とは？
88. 今すべきこと「チャイムを守ろう」
89. 気の利いたことを朝からやろう「大人は会社にいって仕事が始まるまで遊びません」
90. ピグマリオン効果
91. 修学旅行についての学年での集まり「6時間目の決意」
92. 山梨県からのお客様との接し方

以上9月

93. 教室から「マイナス」の空気を消す
94. 全員参加の共同学習＜あいさつ○連発＞
95. 朝の黒板視写「窪田さんの給食台の片付け」
96. 羽田朱美先生への手紙
97. 朝の質問タイムを＜質問の仕方・この時間のねらい＞
98. 座標軸を使って1日を過ごす。途中経過と最終結果
99. スピーチで気をつけること
　　・「むすび」のこれで終わりますを言う　・相手（聞き手）の心を読む
　　・トートロジーにならない
100. バスレクの計画を立てよう
101. 修学旅行のスピーチ原稿
102. 算数の時間の約束
103. 算数の時間のふり返り（10分間作文）
104. 説明スピーチのポイント
105. 今日の気の利いたこと
106. 理科の学習で気をつけること
107. 朝のライフヒストリー「井澤君への質問」＜き・く・こ・よ・ね＞
108. ○○君のよくない行為

以上10月

109. 席替えをして
110. 「されど」を大切にする
111. 道徳「いじめ」感想
112. 学校生活残り70日ぐらい
113. 理科の研究授業でがんばること
114. 理科の研究授業の反省
115. 「ほめ言葉のシャワー」の4回目で自分や学級をどのように成長させるべきか
116. 国語科の研究授業でがんばること
117. 国語科の研究授業の反省
118. 先を読むシミュレーション
　　・礼儀　・教室の3条件　・超細部
119. 調理実習の反省

以上11月

120. ゲーム「実は、私・・・」の感想
121. 昨日の集会の反省
122. サンタさんは本当にいるのか
123. 自分が変われたのは何が原因か
124. 卒業新聞の20字作文＜意味の含有量＞
125. 6年1組は3学期どんな集団になるだろうか

　　　　　　　　　　　　　　　　　　　　　　　以上12月

126. 始業式に伝えたこと
127. もっとよいクラスにするために〜したらよい
128. 谷村君にした朝の質問
129. 3学期1週間の反省
130. 卒業までのスケジュール
131. 1年間で成長したこと学級編
132. 自分の好きなところ

　　　　　　　　　　　　　　　　　　　　　　　以上1月

133. ちょっとした努力の差＜1.01と0.99＞
134. 躾・作法・親しき仲にも礼儀あり
135. 感謝の集いの言葉
136. 朝の山本君のミニライフヒストリーのよさ
137. 感謝の集いですること
138. 前向きに生活しよう＜アンビシャス＞
139. ヌプール先生（ALT）への手紙
140. 「できる」と「した」の違い
141. 相手を好きになる質問をしよう
142. 井上勢渚君にした質問
143. 道徳の主題名で大事にしたい言葉
144. 読書生活1年間のふり返り
145. どんな自分、どんな学級であるべきか（今日の集会で）
146. 昨日の集会のふり返り
147. 過去と今（よさに気づけない、何がよいか分からない、言葉がない・・）

　　　　　　　　　　　　　　　　　　　　　　　以上2月

148. お別れ集会の感想
149. 試練の10番勝負第1戦「私にとって6年1組とは何だったのか？」
150. 「しん友」とは
151. 陶芸の作品を手にして
152. 試練の10番勝負第2戦「渡邊さんのチョンマゲは何の象徴なのか？」
153. 試練の10番勝負第3戦「成長ノートは私の何をどう育てたのか？」
154. 試練の10番勝負第4戦「なぜ、6年1組は話し合いが成立するのか？」
155. 試練の10番勝負第5戦「言葉（価値語）を得て自分はどう変わったのか？」
156. 試練の10番勝負第6戦「6年1組を漢字一文字であらわすとしたら何か？」
157. 試練の10番勝負第7戦「『ほめ言葉のシャワー』は、なぜ6年1組を変えたのか？」
158. 試練の10番勝負第8戦「6年1組の特徴・特長は何か？（生活編）」
159. 試練の10番勝負第9戦「6年1組の特徴・特長は何か？（授業編）」
160. 試練の10番勝負第10戦「ことばの力とは何か？」

　　　　　　　　　　　　　　　　　　　　　　　以上3月

１年間書き続けた子どもたちは、卒業前に、次のようなことを書いていました。
○成長ノートのおかげで、今までとは違った自分を見つけることができました。新しい自分です。昔の自分は、自分の中に何も中心となるものがありませんでした。（後略）
○何が正しいのか、何が大切なのかといったことをぼくに教えてくれました。それが成長ノートです。こうやって今までのテーマを見て、４月からの書いたことを読み返して、本当にそう思いました。（後略）
○テレビでもあったことですが、菊池先生のコメントがすごかったです。書かれた内容を読むたびに、「がんばろう」「もっと成長しよう」と思いました。宝物のノートを作ってくれてありがとうございました。（後略）

「成長ノート」は、子どもたちの「心の芯」を確実に作るものだと思っています。

（２）「価値語」の指導

　私たち菊池道場では、子どもたちの考え方や行動をプラスに導く言葉を「価値語」と呼んでいます。子どもたちに積極的に教え、その量を増やすようにさせています。以下は、平成２４年度の６年生が１年間で得た価値語の一部です。子ども自らが作った価値語もあります。

■試練の１０番勝負第５戦

「言葉（価値語）を得て自分はどう変わったのか」
～１年間で自分の得た価値語～

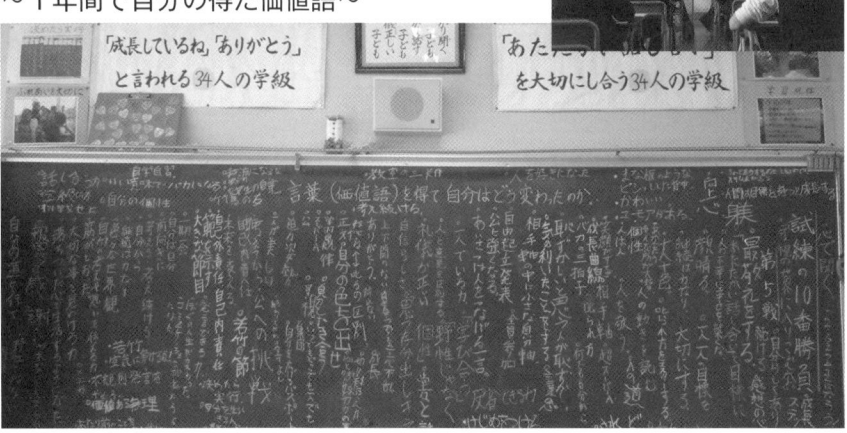

1. 心で聞く
2. 「２・６・２」の上の２になろう
3. 成長のステップ
4. 自分らしくあり続ける
5. 可視の世界に入り込むな
6. 人間は目標を持つと成長する
7. ちょっと努力するのとしないのとでは大きな差がある
8. まな板のようなピシッとした背中
9. 「あたたかい話し合い」を目標に
10. 叱られ方をマスターする
11. 顔晴る
12. 一人ひとりの目標を大切にする
13. 躾
14. 向上心
15. 継続は力なり
16. 十人十色
17. 人の動きを読む
18. 恥ずかしいと思う人が恥ずかしい
19. Ａの道
20. バカの３拍子
21. 相手軸の中に小さな自分軸
22. 成長曲線
23. 個性
24. 人は人
25. 人を敬う
26. 超スーパーＡ
27. 気の利いたことをする

28. 言葉の心
29. 全員参加
30. 空気を読みすぎるな
31. 最敬礼をする
32. かわいい
33. ユーモアがある
34. 人を好きになった
35. されど
36. 反省できる力
37. けじめをつける
38. 細部にこだわる
39. 自由起立発表
40. 公に強くなる
41. あいさつは人をつなげる一言
42. 一人でいる力
43. 学び合う
44. 野生じゃなくて個性
45. 堂々と話す
46. 人と意見を区別する
47. 礼儀が正しい
48. 自分らしさ
49. 思う存分出し切る
50. 上下関係のない
51. 向き合う（向き合える）
52. 一心不乱
53. 成長
54. ありがとう
55. 群れない
56. 怒る⇔叱るの区別
57. 切り替え力
58. 1.01と0.99の努力の差
59. 自分の色を出せ
60. 正対
61. 学習規律
62. 自分と向き合う
63. スーパーA
64. 公
65. 迫力姿勢
66. 自分を広げるパスポート
67. 一人が美しい
68. 終わりよければ全てよし
69. 可視
70. いつでもどこでも一人でも
71. 集団
72. 教室の3条件
73. 考え続ける
74. 我流になるな
75. 学ぶ力
76. 卒業生の自覚
77. 竹馬の友
78. 考えてから動く
79. 自己内責任
80. 若竹の節
81. 決めたら実行
82. 未来を変える
83. 自己外責任・自己内責任
84. 範を示す
85. 発言できる力
86. ぼくの人生が変わった
87. コミュニケーションが取れるようになった
88. 大きな節目
89. 一期一会
90. 自分は自分
91. 前向きに
92. 考える・考え続ける
93. 自分から
94. いろいろな世界観
95. 不規則発言をやめよう
96. 価値ある無理
97. 当たり前のことを当たり前に
98. 自分を出し切る人
99. 世界を広げる
100. 若竹
101. 空気に負けるな！
102. 自学自習
103. いい意味でバカになる
104. 自分の個性
105. 話し合う力
106. 学級の力

107. 挑戦せよ
108. 自分の考えや思いを伝える力
109. 筋が通った
110. 大切なことを見分ける力
111. 落ち着いた心で生活するようになった
112. 報恩と感謝
113. じゃれない・頼らない
114. 自分の道
115. メモ力
116. 野生ではない自分に
117. 自分の色を出せ
118. あなたのそんなところが好き
119. 感想の心

　子どもたちの中に、「価値語」が増えていくと、日常の行為が変わってきます。何が正しいのか、どうすることがいいことなのかが分かってくるのでしょう。

　公（おおやけ）の場での振る舞いが美しくなってきます。そして、その良さを体験することで、自分から「価値語」を増やそうとし始めます。

　右の写真は、卒業前に書いた作文の一例です。

　他の子どもたちは、次のようなことを書いていました。

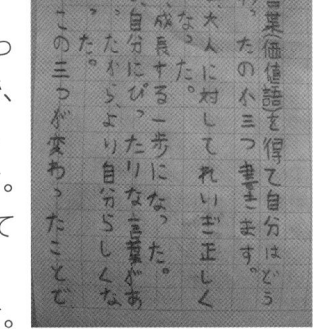

○私を変えた価値語は、「一人が美しい」です。
　今までの私は、いつも友達と群れていました。

○僕を成長させた言葉は、「行動の敬語」です。ちょっとした態度が、相手を大切にしていることに気づいたからです。

○私のNo.1は、「不可視の世界が大切」です。見栄えばかりを気にしていた自分が今では恥ずかしいです。

○この1年間で一番好きになった言葉は、「沈黙の美しさ」です。黙ったままでも、相手のことを考え、言葉を探していることはいいことだと気づいたからです。

　子どもたちの成長に必要な価値ある言葉を、シャワーのように与えることの大切さを感じています。

　『ことばを育てると心が育つ。心を育てたら人も育つ』

　この言葉の意味を毎年実感しています。

(3)「対話のある授業」

「菊池学級の授業を一言で言い表すとすると?」と聞かれたら、私は迷わず「対話・話し合いのある授業です」と答えます。

授業の実際を指導案とその授業後の子どもの感想で紹介します。

①指導案

第6学年1組国語科学習指導案

1. 単元名　ものの見方を広げよう
　　『鳥獣戯画』を読む（光村図書6年）
2. 指導にあたって
　○児童の実態
　　・少しずつではあるが、友達との対話を通して自分の考えを広げたり深めたりできる児童が増えてきている。
　　・児童は、「自分の考えを書く→同じ意見の友達と交流する→違う立場の友達と対話をする」といった対話を重視した学習展開に慣れてきている。
　　・友達との対話を通した学習を楽しもうという雰囲気が学級の中に育ちつつある。
　○教材観
　　・一見難しそうであるが、筆者のものの見方がユニークであり、児童の興味を書きたてる内容である。
　　・本教材は、全九段落から成る、最後に主張をまとめるという尾括型の説明文である。
　　・「書かれ方」を学習することで、筆者が伝えたいことを理解させることができる説明文である。
　○指導観
　　・細かな教材文の読み取りができるように、単元導入では音読練習を繰り返す。
　　・指導に当たっては、文章構成に気をつけながら教材文を絵と文章を照らし合わせながら読むことで、筆者が「何を」「どのように」すばらしいと感じているのかをとらえることができるようにする。
　　・文章を読んで考えたことをグループや全体で交流し、自分の考えを広げたり深めたりすることができるようにする。

3．単元の目標

国語への関心・意欲・態度	○筆者の見方・考え方に興味を持ち、説明的な文章を読もうとする。
読む能力	○文章構成や事実と感想・意見などとの関係を押さえ、自分の考えを明確にしながら読むことができる。 ○文章を読んで考えたことを発表し合い、自分の考えを広げたり深めたりすることができる。
言語についての知識・理解・技能	○文章の中での語句と語句との関係を理解することができる。
コミュニケーション能力	○自分なりの理由を持って、友達と対話ができる。

4．単元の評価規準

国語への関心・意欲・態度	○絵巻物などに興味を持ち、文章を読もうとしている。（行動観察）
読む能力	○筆者がどのような文章構成で、どのようなことを根拠として考えを述べているのかをとらえている。（発言記録、行動観察、記録分析） ○筆者の立場、専門性、時代性なども考えて、筆者の考え方をとらえている。（記録分析） ○文章を読んで考えたことを発表し合い、自分の考えを広げたり深めたりしている。（発言記録、記録分析） ○筆者の意図と表現の工夫との関連について考えている。（記録分析） ○文章を読んで広がったり深まったりした自分の考えをまとめている。（記録分析）
言語についての知識・理解・技能	○文末表現や助詞の使い方など語句に着目して読み、語句と語句との関連を理解している。（記録分析）
コミュニケーション能力	○話題に対する自分の考え方、感じ方を表している。（行動観察、記録分析） ○対話の順序や進め方の調整、対立の調整が必要なことを理解し、話し合っている。（行動観察、発言分析） ○自分の主張、根拠と対比しながら聞いている。（行動観察、記録分析）

5．単元の指導計画（総時数６時間）

＜第一次＞

1．教材文の音読練習や新出漢字の練習をする。②

＜第二次＞

1．教材文の中で、筆者が「鳥獣戯画」や「絵巻」の「何を」「どのように」評価しているのかが分かるところを探しながら読み、それに対する自分の考えや感想を書く。③

（1）筆者の主張を文章構成の工夫に気をつけながら、友達と対話しながら読む。（本時）

（２）筆者の表現に着目しながらさらにくわしく読む。
（３）筆者の考えに対する自分の感想や考えを書き、グループや全体で意見を交流する。
＜第三次＞
１．筆者の表現や構成の工夫点を整理する。①

６．本時の学習
　　平成２４年１１月２１日（水曜日）　５校時　於６年１組教室
（１）主眼
　　筆者の文章構成の工夫を、同じ立場の友達や違う立場の友達との対話を通して理解させる。
（２）準備　絵　絵巻物
（３）展開

主な学習活動	○指導上の留意点 ☆コミュニケーションの視点　◆評価
１．本時のめあてを知る。 （１）音読練習をする。 （２）本時のめあてを知る。 　　筆者が一番言いたい段落はどこか。 ２．対話をしながら筆者の文章構成の工夫を考える。 （１）自分の考えをノートに書く。 　　ズバリ何段落かを書きましょう。 （２）自画像画を黒板に貼る。 （３）理由をノートに書く。 　　理由を箇条書きで書きましょう。	○３分間音読をさせる。 ○辞書引きを３問させる。 ・説明文 ・筆者 ・主張 ○全員に書かせる。 ○話し合いの途中で変わってもよいことを告げる。 ☆自分の考えを持って対話に参加しようとしているか。◆ノート ○箇条書きでできるだけたくさん書かせる。 ○書けない子どもにはヒントを与える。

（４）同じ立場の友達と対話をする。 　何のために対話をしますか。	○対話の前に、対話の仕方と目的を確認する。 　・理由を増やす 　・理由を詳しくする ○自由に立ち歩いてよいことを告げる。 　☆目的に合った対話ができているか。 　　◆発言、行動観察 ○態度のよかった子どもをほめる。
（５）違う立場の友達と対話をする。 　このような対話をするメリットは。 　納得し合う話し合いをしましょう。	○対話の前に、理由を比較することを確認する。 ○対話の前に、対話の仕方と対話の価値を考えさせる。 ○相手の意見を引用して意見を述べるようにさせる。 ○必要があれば教師が介入する。 ☆相手の理由を認めながら、自分の意見を述べることができているか。 　◆発言、行動観察 ○発言内容のよかった子どもをほめる。 ○８段落の子どもが残った場合は、なぜ違うのかという話し合いにしぼる。
（６）正解を確認する。	○子どもたちで正解にいかない場合は、教師が解を示す。
３．本時の学びをふり返る。 　この時間で学んだことを書きます。	○数名に読ませる。 ・文章構成について書いている子ども ・対話学習について書いている子ども

②子どもたちの授業後の感想

★ 1 ～ 33 の太字は子どもたちの感想
★ ①～⑤はその感想に対しての菊池の分析（なぜそう言えるようになったのか）

> 資料　　**国語科授業の感想「鳥獣戯画」**
> **〜話し合いを終えて〜**

話し合い後の子どもの感想ノートから

　私は、8段落でした。だけど、正解は9段落でした。
　でも私は、それの方がいいです。まちがっている段落から、9段落に勝とうと意見を作りました。だから、私は、8の意見も9の意見も分かったので2倍考え学べたと思います。
　そして、正解じゃなかったから「どうたらこうたら」じゃなく、私はその分まちがっていたことに気がつけたのでよかったです。
　このような話し合いができて、私はとても幸せです。
　次からは、相手の考えを読み、国語のノートを作戦基地にします。

1．反論をいつ言われてもいいように考えておけ

　①ただ意見を発表する発表会と話し合いの区別を体験を通して教えている
　②相手意識を育てている
　③ダブルバインド状態（発言しなければいけない、でも発言すると反論される）を体験している
　④反論し合うその先に価値ある学びがあることを知っている
　⑤同じ立場のグループの話し合いで、相手の反論を予想して準備している

２．全力でやったから正解が違ってもいいかなぁと思える
　①話し合いにある程度の時間を保障している
　②最後に解を教師が示すという学び方が定着している
　③厳しい質問の仕方（尋問的な質問）を教えている
　④学びの価値（解を求める過程が大切）を指導している
　⑤全員参加の話し合いを保障している

３．僕はまだ青二才だと感じた４時間であり、これは成長へのよいステップだ
　①話し合いに成長が出ると指導している
　②過去の学びを感想、成長ノートなどで自覚させている
　③自問自答という言葉の意味を体験を通して理解しようとしている
　④価値語の指導をしている
　⑤子どもたち自らが、自分なりの名言を出そうとしている雰囲気が出ている

４．話し合いでみんなのことがよく分かってきた
　①意見の理由づけの部分に発表者の個性が出ることを教えている
　②自分らしさの発揮を促し、それへの価値づけをしている
　③話し合いが理由づけに集中している
　④人と論の区別という指導が徹底している
　⑤学級目標に近づこうという意識が高い

５．正解ではなかったが学び方を学べた
　①知識理解の授業との違いを体験を通して知っている
　②不可視の価値を高くとらえている
　③学び合うことの楽しさを自分たちの財産だと思っている
　④話し合うことそのものが学習だととらえている
　⑤納得解を超える話し合いの価値に気づいている

6．９９パーセント考えても全部ではない。残りの１パーセントにも自信を持ち、もっと上をめざす

①考え続けている。そのことの価値に気づいている
②意見は作るもの、それをするのは自分であるということを探究している
③話し合いの学習が、自分たちの成長の表れ
④友達の優れた考えや意見を自分と比較している
⑤理解し合えないのは相手が悪いのではなく自分の問題だととらえようとしている

7．次は、強い意見を作ってよりいい話し合いにする

①意見には強さのレベルがあることを知っている
②意見の質が話し合いの質を決めると分かっている
③話し合いの形式だけではなく内容に目が向いている
④参加者意識が高い
⑤意見の構造を理解している（三角ロジック）

8．難しい教材でもクラスの話し合いをすることによって、難しさもあまりなくなる

①話し合いは学び合いであると理解している
②学級全員の学び方への自信がある
③話し合いによって理解が進むことを分かっている
④学級の友達への信頼がある
⑤理解が遅い、不十分なことを自分のマイナスととらえていない

9．6年1組は、みんな筋金入りだ

①安易に考えを変えない価値を大切にしている
②お互いが人と論を区別して話し合う学びに誇りを持とうとしている
③今までの話し合いの学びの成長に手ごたえを感じている
④友達をほめ合う関係ができている
⑤次の学びへの期待感が持てている

10. それぞれが意見を戦わせて、勝った負けたは関係なくできるところがこのクラスのいいところだ
①納得解を重視する暗黙知ができている
②学級の「プラス」「成長」「よさ」へ目が向いている
③意見を戦わせる、という表現ができるほど活発な話し合いになっている
④意見を言い合うことよりも、理解し合うことを第一と考えている
⑤自分自身が学び合いの中にいることを実感している

11. 友達の意見を聞いて、自分の意見が増えたり納得できたりしたのでうれしい
①聴き合う話し合いへと進んでいる
②理由を比較し合う聞き方の技能が身についてきている
③話し合いの仕方だけではなく、その目的や価値にも目が向いている
④自分自身の学びの成長を喜んでいる
⑤他者との比較で学びを考えていない

12. みんな、思考のレベルが上がった
①思考のレベルを知ってきている
②解を示すなかで、学びの質を上げている
③ディベート的な話す技術と説明的文章の学習内容の両面の新しい学びがあった
④考え方と思考のあり方との関係を理解できている
⑤新しい情報を自分たちの財産だと感じることができる

13. 小学校生活の中では、ものすごい試合になった
①「試合」といい意味で書けるほどに楽しんでいた
②今の話し合いが、今までの学びの中での最高だと思っている
③子どもは話し合いが楽しく好きなのである
④いい試合は反論の応酬である
⑤知的な学び合いに子どもたちは喜ぶのであろう

14. 高畑勲さん（筆者）の気持ちが、話し合いをするにつれて分かったような気がした
　①筆者を前面に出す学習でなくても、筆者への思いは学べるということが分かる
　②話し合いをすることで、そこにいくような深い学びが成立する
　③表のめあてと「筆者の…」という深い奥の裏のめあてがつながっている
　④今までの指導とは逆方向であるが、こちらのほうが筆者に近づく
　⑤「正・反→合」（対立が新しい意見を生み出す）の考え方だと言える

15. 「考え続ける」ということができたのでよかった
　①学びの価値を知識を得るということではないところに置いている
　②「学び続ける」ということに気づき、価値を置いている
　③最後まで考えることをあきらめていないということは、テーマに力があった
　④互いに反論し合い、それを聞き合って考え続けたことが分かる
　⑤納得解的な思考がここでもはたらいている

16. みんな「一人が美しい」をめざしている
　①友達の窪田さんの「一人が美しい」行動をマネして、そこから全員がスタートしている
　②どのような行動がいいのかを黒板を使った意識化の指導が生きている
　③他への応用を意識的に話し続け、ほめる場面を取り上げた指導が効いている
　④係活動、教室前の関所とも連動して継続させた指導の成果である
　⑤価値語が入るモデルとなった本年度の代表的な例である

17. 大切なのは、『人と論を区別』ができるかだ
　①NHKの江月さんの「かわいそう」を＜４つの授業めあて＞で評価した
　②黒板を使って図示して説明を繰り返した
　③自由起立発表の事実からみんな違うと理解させた
　④引用の価値と技術を体験を通して理解させた
　⑤授業の反省感想を書かせ、そこにふれている子どもを価値づけてほめ続けた

18. 6年1組のみんなは『あたたかい話し合い』をする達人だと思っています
①話し合いの価値を学級目標とつなげて書いている
②達人、名人、プロといった価値ある言葉でほめ続ける
③話し合いが成立しないのは「最後まで聞かない」「感情的になる」ことを理解させた。
④否定の仕方は教えるが、そこにはユーモアがあった
⑤考え続けることは、相手がいることであり、それへの感謝を表す指導を行った

19. 人のマネをしてプラス1をする
①マネし合うことが普通になっている人間関係がある
②プラス1という価値語が重要な学びとして位置づいている
③次のことを読もうとしている心の動きがある
④今の自分を知っていてそれを高めようとしている
⑤学びと価値語がつながっている

20. 反論を考えるためにメモをする
①受容だけではなく発信への意識が出ている
②メモ＝引用→反論という流れを理解している
③ノートに逃げていない
④負けたくない、勝ちたいという強烈な気持ちで話し合いに参加している
⑤反論し合うことで正解にたどり着く学びを信頼している

21. 学び方の中に「勝ち」「負け」がある
①正解不正解の上の学びに気づいている
②潔さを大切にしている
③相手との戦いではなく自分の中身との戦いをしようとしている
④大切なことは結果ではなく過程であると考え始めている
⑤勝ち負けを自分の成長規準ととらえている

22. とてもよい話し合いでした。反省→直す→目標を立てる→思いやりがもてるようになる、みんなに思いやりが持てるようになりたい
　①相手に伝わる話ができることを思いやりであるととらえている
　②学級目標の「あたたかい」を誠実に理解している
　③「話し合い」そのものを結果ではなく楽しんでいる
　④自分を含めみんなへの信頼と協同を楽しんでいる
　⑤学習のふり返り作文を誠実に書いて実行している

23. この授業で、意見を言うことは難しいことだと思った
　①全体の質の高まりが感じられる
　②質の高い意見を理解して、それらの流れを自分なりにとらえている
　③ダブルバインド状態に自分を置いている
　④決して逃げてはいないで戦おうとしている
　⑤次の評論文の必要性を感じている

24. ヒントは身近なところにあるんだなぁ
　①作文の学習と話し合いの学習との関連が分かっている
　②精一杯考えた後にシンプルに整理する学習経験が豊かにある
　③難しいことを単純化する説明力が本当の説明力だと理解している
　④具体例で納得する学び方を大切にしている
　⑤まずは同じ領域である表現との関連を図ろうとしている

25. 学ぶためにあえて友達と離れる
　①学びの中での群れから集団への移動が普通になっている
　②他になびかない自分の意見への絶対の信頼がある
　③人と論を区別する１つの形が友達との群れをやめることであると分かっている
　④学習、授業における個の学びの理想のあり方を追究しようとしている
　⑤自分を学ぶ厳しさに追いやる心の強さを育てている

26.（教師が前時のこの子の学習感想を読み聞かせた）みんなのサポートができたことがうれしい
　①前時までの自分の発言を優先する責任を自覚している
　②集団の中における自分らしさの発揮のひとつのあり方だと理解している
　③話し合い前に発言したその活動の価値を優先している
　④個人の学び方の看取りの必要性をたくさんの経験で知っている
　⑤全体の話し合いの質を高めようとする参加者としての意識が高い

27.ちょっと「散歩」みたいなことをするともっと勉強になると思う
　①両面から考えようとする論理的な思考の価値に気づいている
　②今までの話し合いの体験が生かされている
　③「散歩」を認識し楽しめる学習経験の量と質がある
　④あえて本音とは違う立場に立って考えを深める楽しさが分かっている
　⑤学級全体の話し合いを楽しむために「散歩」できる発言力の高まりがある

28.温かい話し合い、その中に激しさ、受け入れることの重要性が伝わる1時間1時間にしたい
　①否定し合わない話し合いの価値を実感している
　②相手の矛盾を指摘し合う分析能力の高まりが分かる
　③違いを伝え合うことで理解し合おうとする態度が育っている
　④「話し合いの時間」があるという学級内での共通認識が出来上がっている
　⑤潔く変わる、という話し合いの中での動きの価値の共有がなされている

29.正解より学び方の方が大切だけど、もっと人間らしく欲張りにどっちもがんばりたい
　①貪欲な学びの姿勢が育っている
　②知的な話し合い後の精神の高まりを楽しんでいる
　③正解の次に学び方という捉えを超えた貪欲さがある
　④自分の正直な気持ちや感情をストレートに出せる素直さが育っている
　⑤欲張りでも許されるという向上心を出せる今までの学びの事実と現在の学級の雰囲気に自信を持っている

30．みんないいライバルだ
①純粋に競い合う安心感がある学級になっている
②固定した上下関係のない人間関係ができている
③話し合い時における逆転現象の体験からくる平等感を知っている
④学級の友達に対する信頼感が分かる
⑤もっと伸び合おうとする学ぶ意欲が育っている

31．自分のよくない点「説明が分かりにくい」ということに気づきました
①相手と理解し合えなかった説得できなかった体験から学んでいる
②謙虚に自分を反省する正しい学び方が身についている
③話し合う相手に対する礼儀がある
④自問自答する能力が育っている
⑤高い意識と技術で話し合いをしていることへの自信が持てている

32．みんなはみんななりに考えていた。それだけ勉強熱心な集団だ
①話し合いの質ではなく、それへの参加意欲の重視がポイントだと分かっている
②一人ひとりの自分らしさの発揮とそれへの共感がある
③途中で脱落する友達がいないことへの喜びがある
④発表の回数だけを評価しないで聞くことでの参加も認めている学びの捉えである
⑤全員参加を喜ぶ学級という単位をみることのできる内面の成長が分かる

33．１分１秒を大事に授業ができるかっこいい人になりたい
①授業の緊張感とそれを楽しむ自信がある
②一生懸命さの認識の向上が分かる
③話し合いのスピードと質の濃さの実感がある
④「かっこいい」と言えるほどの学びへの真剣な参加をしている
⑤自信と安心のある学びの実際を信じている

③なぜ、話し合いができるようになってきたのか

　下の写真は、平成25年度に担任した5年生の「白い黒板」です。黒板が白くなるほど文字を書いているので、そう呼んでいます。

　テーマは、「なぜ、5年1組は話し合いができるようになってきたのか」です。12月に書かせた黒板です。

　この年の子どもたちも、私が「話し合いを始めます」と言うと、一斉に「やったぁ」「今度はがんばるぞ」と歓声を上げていました。

以下のような内容が書かれています。

1．みんなが考えることができたから
2．参加者になれてきたから
3．みんな自分の考えが言えているから
4．にやけてごまかさないようになってきたから
5．中途半端な人がへったから
6．本気になってきたから
7．公平無私になってきたから
8．みんな人の前で言うことが好きになってきたから
9．NEWアイデアがたくさん出せるから
10．自分を出せるようになったから
11．やる気が出てきたから→だからディベートは楽しい

12. 心が通じ合ったから
13. コミュニケーション力がついたから
14. ほめ合っているから
15. オリジナル意見を出したかったから
16. 相手の不可視が見えるようになった
17. 相手の気持ちが想像できるようになったから
18. 細部を見られるようになった
19. 目線が気にならなくなったから
20. 成長をキーワードにしたから
21. 前よりみんなのことが知れたから
22. ５Ｗ１Ｈができたから
23. 班の人が笑顔だから
24. 一対一になれてきたから
25. 人の前大好き力が１００％だから
26. ザワザワ感がなくなったから
27. WIN／WINができるから
28. 菊池学級だから
29. 観察力がよくなったから
30. 菊池力がパワーアップしているから

　話し合うために必要な技術的なことよりも、友達との関係性がよくなったことが、話し合いが上手くいく大きな原因だと子どもたちはとらえているようです。「ほめ合っている」「心が通じている」「相手の気持ちが想像できるようになったから」「前よりみんなのことが知れたから」などといった声からもそのことがよく分かります。
　また、何のために話し合うのか、どのような話し合いが望ましいのかを、体験を通して理解できるようになっていたからでしょう。「参加者（出席者ではない）になれてきたから」「WIN／WINができるから」などがその代表的な意見です。
　次のページの写真は、６年生が書いた作文です。１年間の「対話のある授業」をふり返って書いたものです。

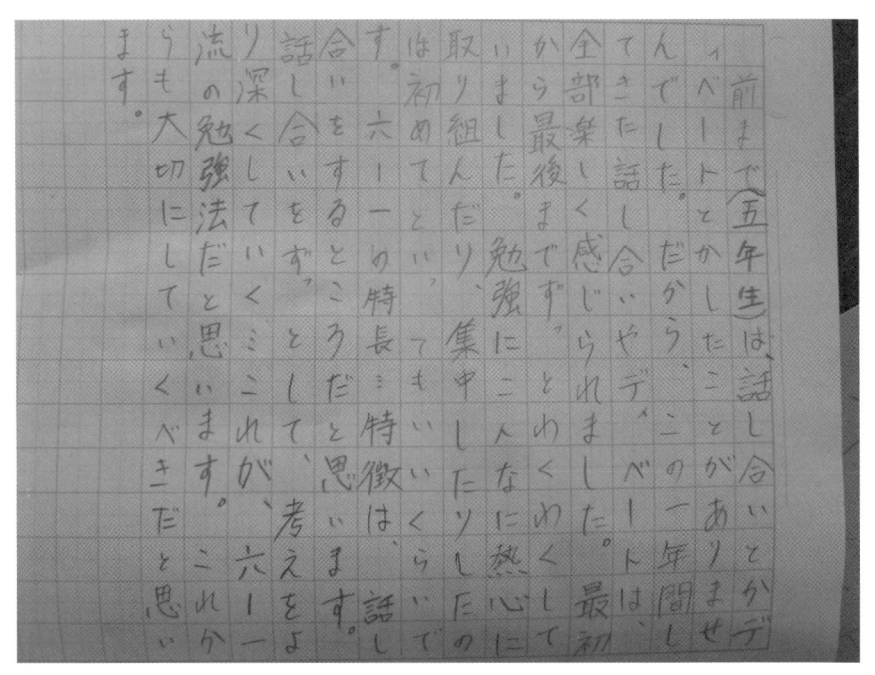

> ［前］まで（五年生）は話し合いとかデイベートしたことがあまりすんでした。だから、一年間ですごく話し合いやデイベートのレベルが全部組でたし、最後に感じられました。
> かなり最後は勉強で集中しなく熱心していたので、取りかかりくしていた。
> すごく初めてのころとも、特徴はよく話して六一くらいと、特徴は考えをよく話して、
> 話し合いを深く勉強法だと思いますが、考えこれから流りも大切にしていくべきだと思います。

　ただ意見を言えばいいのではなく、学級全員が参加者になり、おたがいのよさを引き出し合い、新しい考えや納得した意見を導き出し合う話し合いが成立するようになり、そんな学級の成長を喜んでいることも分かります。

　受け持った多くの子どもが、話し合いが好きだと言ってくれます。ある子どもの作文です。

「話し合いが好きになりました。自分らしさを発揮できるからです。教室の中で、そんなことができるとは思っていませんでした。クラスのみんなで考え、考え合う。そして、一人では考えつかなかった答えにたどり着く。『納得解』です。その瞬間が特に好きです。」

（4）「ほめ言葉のシャワー」

「ほめ言葉のシャワー」も、私の中で大切にしている実践です。少しずつ全国に広がっていることを道場メンバーと共によろこんでいます。毎年

行います。平均、年間5巡します。子どもたちの温かい笑顔が教室の中に広がります。

　下に、「『ほめ言葉のシャワー』をもっとよりよいものに」というテーマで子どもたちが答えた板書とその意見を載せています。

「ほめ言葉のシャワー」をもっとよりよいものに

1. みんなが笑顔になる
2. 心がほんわかする
3. その心がけを忘れずにと言われたい
4. 言われた所を意識しようとする
5. いろいろな言葉を活用する
6. 次の人のほめ言葉のためにいい人のマネをして、ニコニコしておく
7. シャワーをはじめたきっかけをまず考える
8. 人の話をよく聞く
9. 和む言葉を使う
10. 人が人に言うとこんな風に通じるということを知る
11. 明るいクラスになる
12. 相手を感動させる
13. 心のもやもやがなくなる
14. 大きな声で言う
15. 人の話を聞けるようになる
16. 心をおだやかに明るくなる
17. 礼儀ができるようになる
18. 五年一組を好きになる
19. 話している相手の方を見る
20. あいさつをする
21. 正対する
22. うれしいことに思わず笑ってしまう
23. みんなが99％の見つけ方でできる
24. やさしい言葉の使い方
25. よりよい動作
26. 手あかをつけない
27. 人の目を見る
28. 次がんばろうと気持ちが大きくなる
29. 言われてうれしいことを言う
30. 人を好きになる
31. 自分が好きになる
32. みんなが話し合える
33. ベストをつくそうとする

◀ 5年生　6月21日
　1巡目を終えて

34. 言われた人は「こんないいことが私にある」と思って自信がつく
35. 見つけようとみているうちにその人のことが分かってくる
36. みんなに自信がつく
37. 考える力がよくなる
38. こまっている人がいたらみのがさない
39. 自分がいいことを言ったら自分もうれしい
40. 成長し合う友達でいてくれる
41. みつけようとする心をもつ
42. じょうだんが分かる
43. 正しいこと・正しくないことが分かるようになった
44. 細部まで細かく見る
45. 人にひきずられない
46. やさしさ
47. ゆずり合い、助け合い
48. みんなが悪いと思うこともいいことにかえる
49. もし思考で考える
50. みんなの心の黒い色がなくなる
51. 手あかのついた言葉を全員が言わなくなる
52. 共同学習ができる
53. 小さいことでもほめる
54. 観察力があがる
55. 三つありますスピーチを（シャワーを）言われているときに、もう考えると言うことをクセにする
56. なぜ言われたか、ふりかえる
57. 将来人のいい所がすぐに見つかりマネができる
58. 人との信頼感が深まりクラスがつながる
59. かならず「よろしくおねがいします」と言う
60. NGワードをなくす
61. アイメッセージ
62. みんながつながれる
63. 細部じゃなく相手の心まで見通す
64. 心が育つ
65. 心が一つなれる
66. みんなと全く違うことを言う
67. その日だけ意識するんじゃなく毎日意識する
68. みんなが聞きあい、そして、成長する
69. 一回目、二回目のほめ言葉のシャワーが成長してくる
70. 言われた所をよりよくしたくなる
71. けんかしても面白いことを言って、自然に仲直り
72. 困っている人を助ける
73. 次の日、前の日の主役はキラキラ明るくなってる
74. スターになった気分になる
75. 言葉を見つける
76. 発想力が働く
77. やっているうちに工夫できる
78. あたりまえのことを、あたりまえにできるようになる
79. たましいをこめたほめ方
80. 成長しあえる友達でいてくれる
81. ほめ合いが楽しくなる
82. 自由起立発表をゆずりあう
83. 認め合える
84. 時間内に言おうと思うことがオリジナルになって、楽になる

「ほめ言葉のシャワー」を体験した子どもたちの感想です。4巡目の途中に書いた5年生の感想です。（平成25年12月16日）

○ほめ言葉のシャワーのよいところを3つ書きます。

一つ目は、コミュニケーションです。相手をほめると「ありがとうございます」と言われます。それでうれしくなります。だから、どちらもうれしくなり関係がよくなると思います。

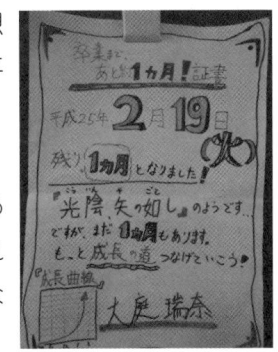

二つ目は、その人らしさが分かります。ほめられる人だけではなく、ほめる人のほめ方からもほめるその人らしさが分かります。毎日するからよく分かります。明るいクラスになると思います。

三つ目は、ことわざや四字熟語の活用ができるようになるからです。これからも使うので、豊かな言葉の使い手になると思います。

○いちばんいいと思うことは、人と人をつなぐことです。主役をほめて、主役がよろこんで笑顔になります。そしたら「一石二鳥」みたいに1つのことをして2倍いいと思いました。だから私は、これからも相手がよろこぶようなほめ言葉をしたいです。

○たぶん、自信がつくことだと思います。前まではみんなにどう思われているか不安でした。でも、「ほめ言葉のシャワー」をやることによって、みんなから見た私が分かりました。それによって安心がめばえ、みんなと仲よくできていると思います。残り少ない「ほめ言葉のシャワー」を楽しんで、この活動をみんなの中心にしていきたいです。

○いいところは、向上心が身につくところです。なぜかというと、この言葉はもう手あかがついているからもう言わないでおこうと思ったり、これはもっとユニークな言い方ができるんじゃないかと思ったりできるからです。そうやって向上することによって、自分自身のスタイルができたりして、ほめ言葉がいろんな「色」になると思います。だからもっとレベルアップしたほめ言葉を言っていこうと思います。

これらの感想からも分かるように、コミュニケーションあふれる教室に必要な安定した土台が、「ほめ言葉のシャワー」によって築かれると考えます。

第2章 温かい人間関係を築く「朝の指導」

福岡県北九州市立小倉中央小学校
菊池省三

1日のスタートから友達とのつながりを大切にした活動を行います。学級の土台となる温かい人間関係を築くコミュニケーション力を育てます。

1 「朝の指導」のねらい

　子どもたちの朝の様子がおかしくなっています。特に土日の連休後の月曜日の朝です。眠そうな顔つきで、だらだらとした態度で教室に戻ってくる子どもが増えているのです。このことは、一部の地域だけではなく、全国の学校関係者の頭を悩ませていることではないでしょうか。

　そのような状態のままで授業を始めても、楽しい授業は成立しないでしょう。ましてや、友達同士の関わりを重視するコミュニケーションを大切にした授業など、なかなか成立しないと思います。子どもたちの頭と身体が学ぶ状態になっていないからです。

　教室は公の場です。友達と助け合い競い合って学習し、自分を成長させる場です。菊池道場では、このような子どもたちに対して、公を教える立場の教師として毅然とした態度で指導するようにしています。

　もちろん厳しいだけではありません。子どもたちが自分から学ぶ体と頭になるような「しかけ」を用意します。学び合う仲間とその絆を強くする活動を仕組みます。

　朝の時間を有効に使うことによって、
・気持ちのよい1日のスタートをさせる
・友達との関係を絆の強い温かいものにさせる
・コミュニケーション力を育てる場としてとらえる
というねらいを達成しようとしています。

　朝の時間は、10分から20分程度です。短い時間ですが、工夫次第ではいくらでもおもしろくて子どもたちの力になる活動を用意できます。

　1日のスタートである朝の時間を楽しく中身のあるものにすることで、その日1日の子どもたちの動きが大きく変わってきます。年間200日も登校する日があるわけですから、継続することでその効果はより大きいものになります。

2 「朝の指導」の概略

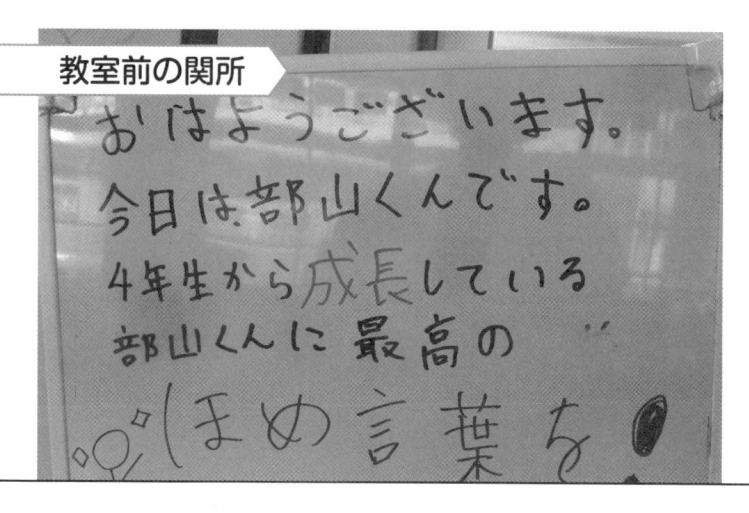

教室前の関所

> おはようございます。
> 今日は部山くんです。
> 4年生から成長している
> 部山くんに最高の
> ほめ言葉を

書かれている内容を実行したり、理解できたりしたら教室の中に入ります。前日の放課後に担当者が書いておきます。

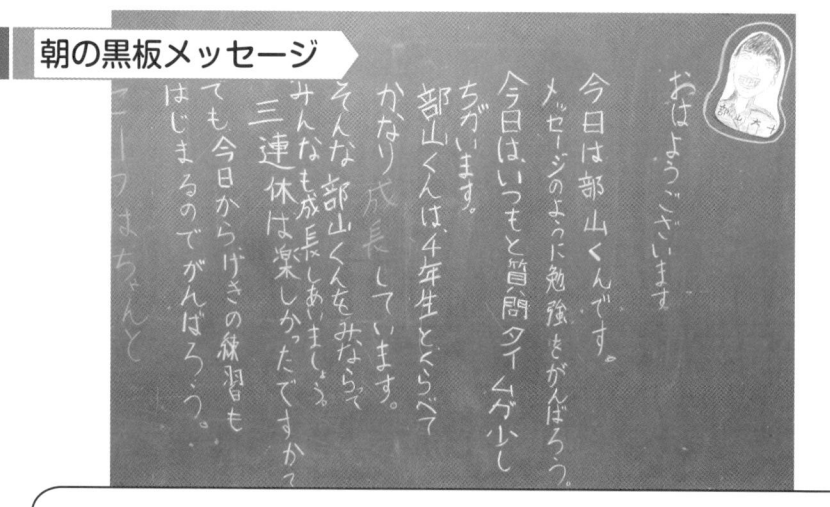

朝の黒板メッセージ

> おはようございます。今日は部山くんです。メッセージのように勉強をがんばろう。今日はいつもと質問タイムが少しちがいます。部山くんは4年生とくらべてかなり成長しています。そんな部山くんをみならってみんなも成長しあいましょう。三連休は楽しかったですか。でも今日からげきの練習もはじまるのでがんばろう。

担当者が、その日にいちばんみんなに伝えたいことを前日の放課後に書いておきます。始業前に全員が読んでおくルールになっています。

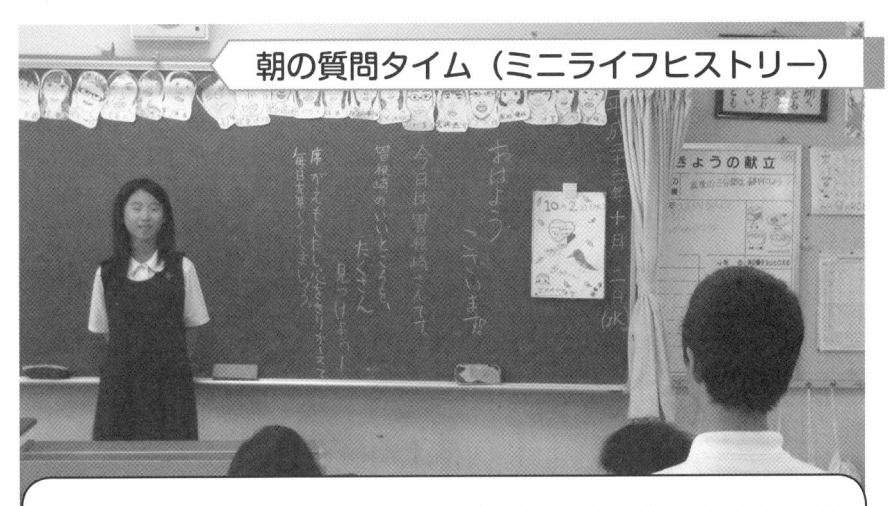

朝の質問タイム（ミニライフヒストリー）

「ほめ言葉のシャワー」を浴びるその日の主人公に、全員が質問をする取り組みです。互いを理解し合う活動です。

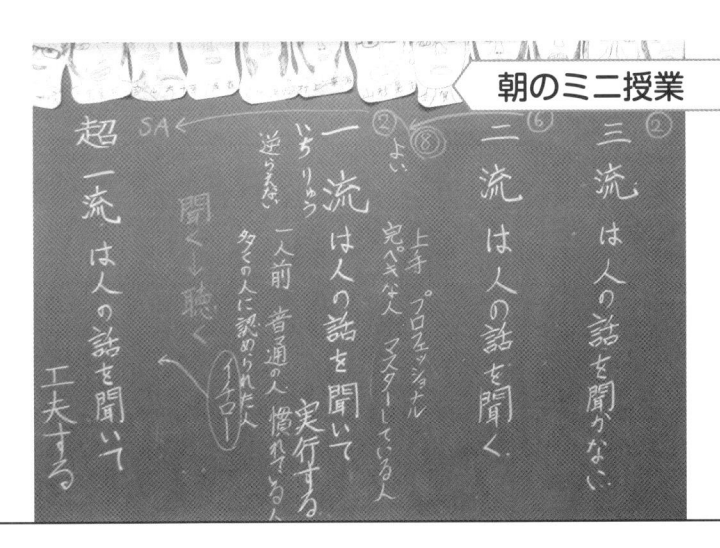

朝のミニ授業

子どもたちに伝えたいこと、考えさえたいことを「価値語」とセットに１０分程度の時間で行う授業です。１週間に１回程度行います。

3－1 「教室前の関所」でピリッとした気持ちにさせる

◻ 「教室前の関所」のねらい

　菊池学級には、教室の入り口2箇所にホワイトボードがあります。「教室前の関所」です。

　担当の子どもが、放課後に書きます。次の日の朝に子どもたちはそれに目を通して教室に入ります。

　この取り組みによって、
・朝から「今日もがんばろう」という気持ちを持たせる。
・生活や学習面のちょっとしたポイントを押さえさせる。
といったことができます。気持ちと頭を学校・教室モードに切り替えるようにさせるねらいがあります。

　書かせる内容は、
○昨日に学習した大切なこと
例：「ペリーは何年に日本に来たでしょう」「三角形の面積を求める公式を言いましょう」
○友達関係をよくする活動
例：「友達5人以上にあいさつをしよう」「○○さんのよいところを見つけよう」
が主なものです。

◻ 指導のポイント

○時々、教師が問題をきちんと解いているかチェックします。ホワイトボードを見せながら、解いたか、行ったかを確認するのです。パッと手が挙がらない子どもには、「どうして教室の中にいるの？」と時には厳しくツッコミを入れます。
○1週間に1回程度「先生問題」を出すと子どもたちも喜びます。どうしても理解させたい、人間関係を良くするために実行させたいという内容にするとよいでしょう。

具体的な実践例

子どもたちがホワイトボードに書き込む内容は、大きく分けると次の3つになります。

・学習系…「○○という漢字を書きましょう」「次の計算をしましょう」
・メッセージ系…「運動会の練習ではサッと行動しよう」「掃除時間は『協力と分担』でがんばろう」
・コミュニケーション系…「あいさつを10人以上にしましょう」「○○さんのいいところを見つけよう」

ちょっとした取り組みですが、子どもたちは、「関所」という言葉でピリッとして、
「今日も1日がんばろう」
「教室に戻ってきた。やる気を出そう」
「朝のスタートを大切にしよう」
といった気持ちになるようです。

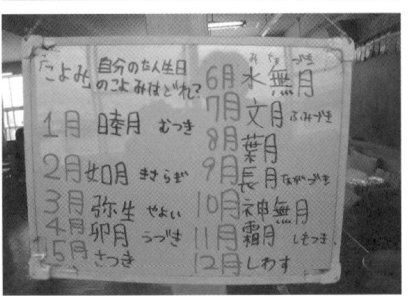

3－2 「朝の黒板メッセージ」で教室で成長し合う自覚を持たせる

「朝の黒板メッセージ」のねらい

前日の放課後に、教室前の黒板にメッセージを書かせておく活動です。担当の子どもを数名決めて毎日書かせます。

内容は、その日の行事等の活動に対する心構えを持たせることや友達関係を良くするための活動などです。

8時半の始業時刻までに読んで実行するというルールにしておきま

す。具体的には、
・運動会で最上級生として示す具体的な態度を３つ友達と話そう。
・今日は○○さんの誕生日です。「おめでとう」と言いましょう。
などが出てきます。
　前向きな温かい雰囲気が出てきます。子ども間のコミュニケーションも豊かになります。
・「教室」で1日生活する心構えを始業時刻までに作らせることができます。
・友達と関わる活動を通して、学級内の望ましい人間関係を築こうと考え実行する子どもにします。

❑ 指導のポイント

　イラストや吹き出しなどを使うことのできるこの仕事は、とても人気があります。子どもたちのアイデアを取り入れて、「楽しく元気になる」内容になるようにします。

　何を書いてよいのか分からない、同じような内容が続いてしまうといった時には、教師が中に入って相談に乗りながら助言するとよいでしょう。

❑ 具体的な実践例

　教室に入ってきた子どもたちは、右の写真のような黒板を見ながらランドセルを片づけます。そして、書かれている内容を実行し合います。

　始業時刻の8時30分までに、教室の中は学び合う雰囲気になります。

　5年生のある子どもは、
「朝の黒板メッセージがあるから、朝から気合が入ります。クラスみんなで取り組むから、まとまりも出てくると思います。何をしたらいいのか、どんな心がまえが

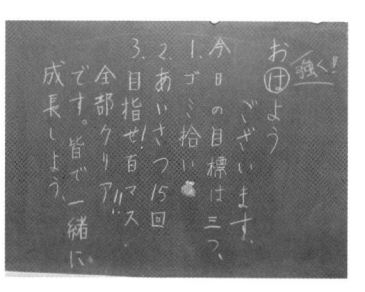

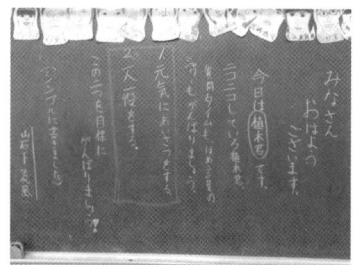

必要なのかも参考になるのでいいと思います」
と、成長ノートに書いていました。

3-3 「朝の質問タイム（ミニライフヒストリー）」でつながりを深め合う

◻ 「朝の質問タイム（ミニライフヒストリー）」のねらい

　ほめ言葉のシャワーを浴びるその日の主人公に、全員が質問する活動です。バラバラのことを質問するのではなく、最初の質問の答えに関連した質問を続けていきます。どんどん掘り下げていくことになりますから、主人公のことを深く知ることができます。

　子どもたちは、同じクラスの友達でもお互いのことをよく知らないものです。おとなしい女の子と元気のいい男の子とでは、１日の中で一言も言葉を交わさないこともあるでしょう。

　この朝の質問タイムを毎日行うことで、お互いのことを多面的に理解し合うことができます。それによって、コミュニケーションの土台でもある温かい人間関係が築かれていきます。

◻ 指導のステップ

・ステップ１　質問応答を楽しむ【１学期】
　最初は、答えやすく楽しいテーマからスタートします。例えば、
「カレーライスは好きですか？」
「ラーメンは好きですか？」
といった質問がよいでしょう。言葉のキャッチボールを楽しむことをねらいとします。

・ステップ２　好きなことを伝え合う【２学期】
　慣れてきたら、自分の好きなことや得意分野などを伝え合うようにさせます。そのために、主人公が１文でもいいからスピーチをして、それ

について質問させるようにします。例えば、
「ぼくは、アニメのワンピースが好きです」
「私は、昨日ピアノを習いに行きました」
などと、最初に話させるのです。その後に質問を受けさせるのです。

・ステップ３　その人らしさを引き出し合う【３学期】
　この段階では、主人公の「らしさ」を引き出すようなテーマを意識させて行います。最初に質問する子どもの質問内容がポイントになります。平成24年度の６年生の卒業前の最初の質問内容は、以下のものでした。（　）の中は質問された子どもの名前です。

○自分の髪形は気に入っていますか？（春山さん）
○今の自分の色は何色ですか？（和田さん）
○学校の制服は好きですか？（井上聖也君）
○中学校への不安はありますか？（福光君）
○将来の夢は？（原さん）

○残り、みんなのために何をしたいですか？（山本君）
○いろいろあると思いますが、ガラリと自分が変わったところはどこですか？（山本さん）
○もし地球が滅びるとするとあなたは何をしますか？（岩崎さん）
○将来の夢は？（大庭さん）
○井上君は空手が好きですか、バスケがすきですか？（井上勢渚君）

○今のあなたの目には、今の６年１組はどのように映っていますか？
　　　　　　　　　　　　　　　　　　　　　　　　　　（藤井さん）
○僕の中で山本あきらさんは、すごく成長していると思うのですが、何か秘訣はありますか？（山本あきらさん）
○ぼくが主人公だった日は朝から楽しかったのですが、深田君は楽しい

ですか？（深田君）
○大森さんは、6年生の初めの時よりとても明るくなって、発表もたくさんするようになったんですけど、自分で成長していると気づいていることはありますか？（大森さん）
○失礼なことを聞きますが、前の大冨君はクラスの友達のことがきらいという気がしていたのですが、今はどうですか？（大冨君）

○松岡君は、この1年間の自分の変化や成長に気づいていますか？
(松岡君)
○渡邊さんのちょんまげは、明るくなったとかムードメーカーの象徴だと思うんですけど、それは認めますね？（渡邊さん）
○最近、自分を笑顔にしてくれたことは？（下田さん）
○私は、六年生になって山崎さんは明るくなったと思うのですが、その今の山崎さんにとって、一番大切なものは何ですか？（山崎さん）
○いろいろあると思うのですが、松尾さんにしかできないことって何ですか？（松尾さん）

　この段階になると、質問し合う＝コミュニケーションを取るということは、相手を好きになることだといった感想を持つ子どもも出てきます。

> 資料　2月21日 山崎さんのミニライフヒストリー全記録

　卒業前の2月と3月の実際の朝の質問タイムの記録です。山崎さんと大冨君の記録です。

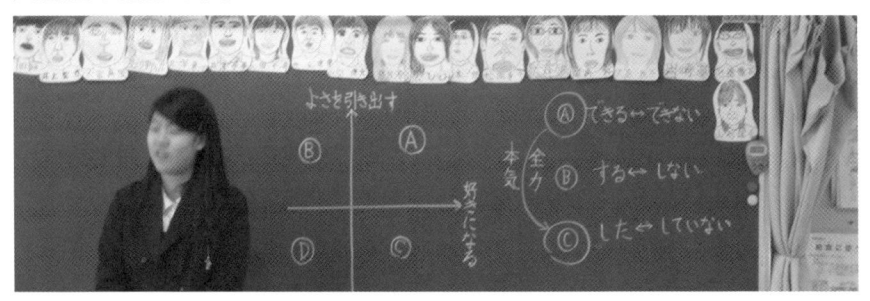

【ミニライフヒストリー全記録】

Q1：私は、6年生になって山崎さんは明るくなったと思うのですが、その今の山崎さんにとって、いちばん大切なものは何ですか？
A：卒業するまでの時間です。
Q2：山崎さんは、大切なものは友達と言うと思ったんですけど、なぜ残りの小学校生活を選んだんですか？
A：残りの小学校生活の中に、友達が入っているから残りの小学校生活を選びました。
Q3：卒業式までに友達と何をしたいですか？
A：友達と語ることです。
Q4：どんな話をしたいですか？
A：将来のこととか6年間のこととかを話したいです。
Q5：残りの小学校生活の中で大切なことは？
A：学校に居られること。
Q6：下田さんの質問で、6年間のこと将来のことと話すことを言いましたが、その将来のことは何ですか？
A：中学や高校のことを話します。
Q7：残りの時間でいちばん大切にしたいことは、何ですか？
A：楽しくみんなで過ごすことです。
Q8：友達と楽しく話して過ごす時間と、このクラスのみんなと一緒に勉強したりして過ごす時間とでは、あなたはどっちが大切ですか？
A：クラスの中に友達も入っているので、どちらも大切です。
Q9：今いちばん大切なのは時間と言いましたが、その時間は中学になっても思い出になりますか？
A：はい。
Q10：残りの時間をみんなと過ごしたいと言うと思いますけど、特に誰と過ごしたいですか？
A：中学ではなればなれになる人です。
Q11：おばあさんになっても心に残りそうなイベントは何ですか？
A：このクラスに入ったことです。
Q12：あなたにとって今のクラスは、具体的に言うとどうなりますか？

A：みんな一人ひとりが安心できてあたたかいクラスです。
Q13：卒業までにいっぱい遊びたいと思いますけど、やっぱり勉強は大切にしたいですか？
A：はい。
Q14：中学校に行ってできる新しい友達とも仲良くできると思いますか？
A：はい。なるべく仲良くなるようにしたいと思います。
Q15：今までの思い出でいちばん心に残ったのは何ですか？
A：やっぱり修学旅行です。
Q16：最初の和田さんの答えは「この学校に居る」ことが大切と言って、さっきの答えは「このクラスに居る」ことが大切と言っていました。山崎さんにとって、「クラス」と「学校」は、どっちが大切で大事ですか？
A：やっぱりこのクラスです。
Q17：山崎さんの様子を見ていると、卒業したくないというのは伝わってくるんですけど、卒業は絶対に迎えないといけないことなので、今、この時間を忘れないでおこうと思いますか？
A：はい。
Q18：井上聖君の質問に、悲しいと言いましたね。それでは、下田さんのほめ言葉でも泣きましたが、その時も悲しくて泣きましたか？
A：はい。
Q19：これから過ごす時間を一つの言葉で表すなら、何ですか？
A：宝物です。
Q20：卒業式までに言いたいことは？
A：みんなと過ごしたい。
Q21：山崎さんはこのクラスを一言で表すと宝物と言ったのですが、イメージでは思い出と言うと思ったんですが、なぜ宝物なんですか？
A：このクラスは大切だし、私を変えてくれたところだから私にとって宝物なのです。
Q22：山崎さんは友達を大事にするイメージがあるが、別の学校に行く人で別れるのがいやな人はいますか？
A：います。
Q23：今とこれからのどちらの時間を大切にしたいですか？
A：やっぱり…今ですね。
Q24：6年生になってから話し合いとかが増えて、話し合いが激しいけれど、それも宝物ということですか？
A：はい。
Q25：卒業までに友達にしてあげたいことはありますか？
A：友達が、小学校生活がいちばんよかったと思えるような、そんなところで私は努力をしています。
Q26：6年生になっていろいろと行事がありましたが、心に残った行事は何ですか？
A：やはり、さっきも話したことと重なるのですが修学旅行です。
Q27：1年間の中の思い出でいちばんうれしかったことはありますか？
A：このクラスになった時です。
Q28：今でも卒業に向かってこの話し合いや将来の夢を語って盛り上がっているのは何度か見たことあるのですが、悲しくなったりはしないのですか？
A：あります。悲しいです。
Q29：例えば、どんなふうに悲しいのですか？
A：せっかく友達になれたのにいなくなるからです。

【本人スピーチ】
　今のみんなからの質問を受けて、感想が３つあります。
　１つ目は、みんながいろいろな質問で、私のことを知ろうとしてくれている姿が伝わってきてとてもうれしかったです。
　２つ目は、最初から「大切なものは何ですか？」という質問で、「卒業するまでの時間」という答え方をしたけれど、それぞれ臨機応変に質問してくれたのでうれしかったです。私自身が考えさせられました。
　３つ目は、みんないろいろな質問をしてくれて、改めてこれからこの質問のライフヒストリーの時間を、私ももっと大切にしていこうと思いました。
　ありがとうございました。

資料 ３月４日 大冨君のミニライフヒストリー記録（抜粋）

【ミニライフヒストリーの抜粋内容】
Q１：失礼なことを聞きますが、以前の大冨君は、クラスの友達が嫌いというイメージがあるのですが、今はどうですか？
　A：好きです。
Q２：なぜですか？
　A：みんな明るく接してくれるからです。
Q３：４年生の時、私は荒れていましたが、大冨君はどうでしたか？
　A：ぼくもそうでした。
Q４：今はクラスのみんなが友達ですか？
　A：はい。
Q５：友達になるために、どんなところに気をつけていますか？
　A：自分から話しかけるなどです。
Q６：４、５年生の時は、ケンカをしてもすぐには謝ってくれなかったけれど、今はすぐに謝ってくれるようになっています。友達関係は変わりましたね。
　A：はい。変わったと思います。自分でも。
Q７：友達関係が何パーセントぐらい上がっていますか？
　A：100パーセントぐらいです。
Q８：６年生になり、自分から話しかけているといいましたが、５年生までにはあまりなかったということですか？
　A：はい。あまりありませんでした。
Q９：友達を増やすために大冨君が心がけたことは？
　A：友達が暗い顔をしていたら、明るく話しかけるようにしました。
Q10：以前の大冨君は暴言を吐くイメージがあったのですが、そのようなことがなくなった自分の変化に気づいていますか？
　A：…自分ではあまり気づいていません。

▲友達と目を合わせてほめ言葉のシャワーを浴びている大冨君。３月４日

【大冨君のスピーチ】
　今から感想を３つ話します。
①２学期の「最近はまっていること」と違って、質問の内容が成長のことだったのでうれしかった。
②友達とのことを考えることになったのでうれしかった。
③今日がぼくの最後のほめ言葉のシャワーなので１日がんばろうと思います。
　よろしくお願いします。

【大冨君のよくなったところ】
1. 以前は「どけっちゃ」が今は「ごめん。ちょっとどいて」になった。
2. ノートを配る時、今までは投げる、今は置いている。
3. 話す時が明るくなった。
4. スピーチの時のお辞儀がきれい。
5. 友達とぶつかって「ふざけんな」が「ごめんね」になった。
6. 話しかけると「あー」だったのが、ちゃんと聞いて「分かった」と言ってくれる。
7. すぐに舌打ちをしていたが、今はしない。
8. 物を使った時、そのままだったのが片付けている。
9. 質問に答える時、先生のほうをチラチラ見て答えていたが、今はみんなのほうを見て答えている。
10. 女子に暴力をふるっていたが今はない。
11. 日々成長している。
12. ケンカをしても手を出さなくなった。
13. 寄りかからなくなり、姿勢がビシッとなったところ。

【菊池がほめたところ】
1. 大冨君の成長の事実に対して。
    ①ことばが変わった
    ②目に落ち着きが見られるようになった
    ③切り替えスピードが速くなった
    ④自分らしさを出している
    ⑤友達のよさを取り入れようとしている

2. 見つけ気づいている友達の成長に対して。
    ①ことばの変化に気づいている
    ②細部の変化に気づいている
    ③特に、目線の変化を過去と比べて価値付けている
    ④人と人との関係に関することが多かった
    ⑤発言の仕方が、大冨君と当然のことだが同じ感覚で行われていた

3. 1や2を共有し合って、みんなが「そうだ。そうだ」と自然に受け入れていることに対して。
    ①最初の質問がよく、それを自然に受け止めて最後まで続けた
    ②みんなが大冨君のよさ、成長を聞きだそうとしていた
    ③大冨君の最後のスピーチを藤井君が優しい目で聞いていた
    ④たくさんのよさの発言は、大冨君のことも継続して見ている、心を動かして見ている証拠である。
    ⑤大冨君とみんなが呼応しているように感じた。一人ひとりを大切にしあう全員の成長を感じた。

◻ 考察

　上の写真は、5年生1学期末の「質問タイム(ミニライフヒストリー)を続けたらどんないいことが起きると思いますか」という問いに子どもたちが答えた「白い黒板」です。
・「もし思考」の例えもユニークになる
・次にどんな質問をすればいいか分かる
・一人ひとりのことが知れて仲よくなる
・その人の個性が分かる
・自分らしさを出すことができる
・自分のことをみんなに教えられる
・クラスがオレンジ色になる
・みんなが仲よくなる

　このような内容がたくさん出てきました。会話力や対話力に欠かせない質問力の伸びだけではなく、互いの理解が進み、コミュニケーション力あふれる教室に必要な安心感や自信が育っていることが分かります。

　1年間で5回の「朝の質問タイム」をどの子も経験することになります。先に述べたステップに沿ってレベルを上げていくことになりますから、安定した温かいコミュニケーション力が、学級の中に確実に広がっていきます。

3−3 「価値語」を教える「ミニ授業」で考え方や行為を鍛える

☐ 「価値語」を教える「ミニ授業」のねらい

子どもたちの考え方や行為をプラスの方向に導く「価値語」を、朝の時間に指導することがあります。時には、厳しい言葉で指導することもあります。

ほめることが指導の中心ですが、子どもたちの間違いや過ちに対して、厳しく叱ることもあるということです。

朝の「ミニ授業」は、子どもたちを公に強くさせるために、「何が正しいのか、何が大切なのか」を考えさせ、「価値語」とセットにして指導する時間です。

☐ 指導の実際

右の写真は、「反省の深さ・厳しさと成長・進化とは比例する」ということを教えた時の板書です。「適当な反省」を戒めた時の指導です。

右下の写真は、学年が上がるにつれて公に向かって学んでいるという事実を確認し、それを確かなものとして認識することが「成長」であると気づかせた授業時の板書です。

次ページからの資料は、菊池がこのような指導時に話している言葉であり、子どもたちに要求している考え方や行為です。

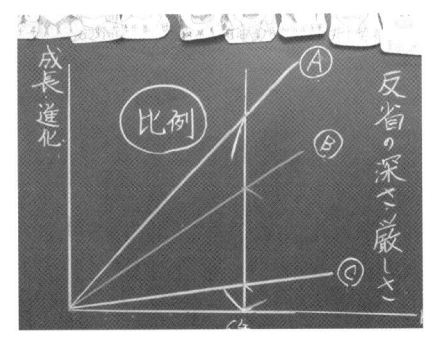

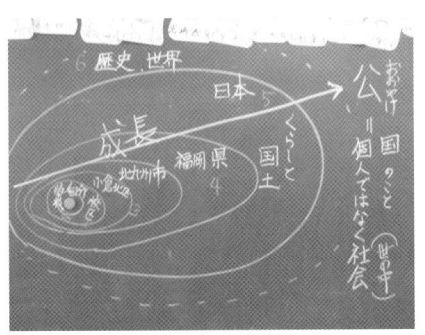

資料　「菊池学級」の望ましい言葉と行為例
～教師の子どもへの言葉かけ～

・公の言葉を使いなさい
・話は１回で聴くのです
・素直な人は伸びる人です
・あふれさせたい言葉、なくしたい言葉を意識しなさい
・はきはきと美しい日本語で話しなさい
・やる気のある人だけ～しましょう
・質よりも量を求めなさい

・世のため人のために何をしていますか？
・当たり前のことを当たり前にするのです
・あなたに聞いているのです（周りの友達に助けを求める子どもに対して）
・言動に「主語」を入れなさい
・心の芯をビシッとしなさい
・何のためにするのですか
・もっと簡潔に話しなさい
・昨日よりも成長したことを言いなさい
・「えー」ではなく「よーし」で考えるのです

・恥ずかしいといって何もしないのが恥ずかしいのです
・持てる力を発揮しなさい
・「出る声」ではなく「出す声」で話すのです
・これは小学生だったらすぐに分かる
・理由のない意見はいじめと同じ
・「なぜ？」「例えば？」と考えながら聞きなさい
・朝と帰りのあいさつはキチンとします
・「はい」に小さな「っ」をつけなさい
・「は」の字をハッキリ「お『は』ようございます」
・話を聞かない人と一緒にいると時間の無駄です
・何のために小学生をしているのですか
・君が悪いのではない。君のその行為が悪いのです
・その行為・言葉の周りへの影響を考えなさい

・あなたらしさが生きていますか
・質問はもっと限定しなさい
・説明はしつこくしなさい
・誰とでも仲良くします、できます
・あいさつ、そうじもできないで他に何ができるのですか
・手を挙げるのです。曲げるのではありません
・腰に力を入れなさい
・自分の意見を言って死んだ人はいません

・やる気ある？（授業開始時に突然一人の子どもを指名して）
・「持てる力を十分に発揮した・いない方がよかった」どっちですか？
・言いたい人？
・知恵がないものが知恵をしぼっても出てきません。だから、人に会い本を読むのです
・「自分から」がないとダメですね
・先生はなぜ止めなさいと言ったか分かる人？
・「おとなしい」は子どものうちはよくない
・「分からない」という言い訳はしません
・性格が変われば顔が変わる

・牛のよだれみたいにダラダラ話しません
・ズバッと言いなさい
・できないのですか？しないのですか？
・頭の中をピリピリさせなさい
・成功するまで続けるのです

・君はこの1枚でいい（普段プリントの1枚もしない子が例えば10枚くださいと言った時）
・準備もしないでその失敗は当たり前です
・汚い涙を見せません（泣いてごまかそうとした時）
・負荷を楽しみなさい
・裏カリキュラムをしません
・あなたがビシッとすればみんなもビシッとします
・君が分かるようになるまでに10年はかかるだろう（明らかにやる気のない子どもに）
・前の人と同じことは言いません

・日本記録をめざします
・ダメだからやり直しといっているのです
・基準はあなたではなく常識です
・貯金の量が違います（いつもきちんとする子どもと普段からしない子どもとの違い）
・「〇年生らしさ」がなくなっています
・あなたのしたことは〇か×か、どっち？
・今のそれがダメなのです。
・目にやる気を出しなさい
・胃袋がもう少しで出るぐらいに歌いなさい
・それは去年と同じではないですか？
・同時に3つできないとダメです（例えば、話を聞く、ノートに書く、挙手をする）
・あなたの目と耳を使うのです
・沈黙は弱い人のすることです
・「今」するのです。「次」はありません
・寝言は言わないように
・幼稚園の子どものような理由は言わないように

・これは保育所の子でも知っています
・常識です
・目が逃げています
・今日までにできなかったことがなぜ明日にできるのか？

🗒 考察

　5年生の子どもが、次のような作文を書いています。4月に担任して、8か月後の11月下旬に書いたものです。

「私のがんばりたい力やがんばった力を三つ書きます。（中略）

　三つ目は、菊池力です。私があこがれている人は、菊池先生です。菊池先生は、「2・6・2」（学級はがんばる子ども2割、普通の子6割、気になる子ども2割。注釈菊池）で、下の「2」だった人を一番上の「2」以上に上げて、みんなをSA（スーパーA）にする力があります。

　私は菊池先生のクラスになって、今までたくさんの成長するキーワードをもらいました。例えば、「一人が美しい」や「予想して動く」など、約50以上のことを教えてもらいました。その中で、「ほめ言葉のシャワー」でたくさんの自信をもらいました。だから、菊池先生みたいなみんなをSAにさせる菊池力を私も持ちたいです。（後略）」

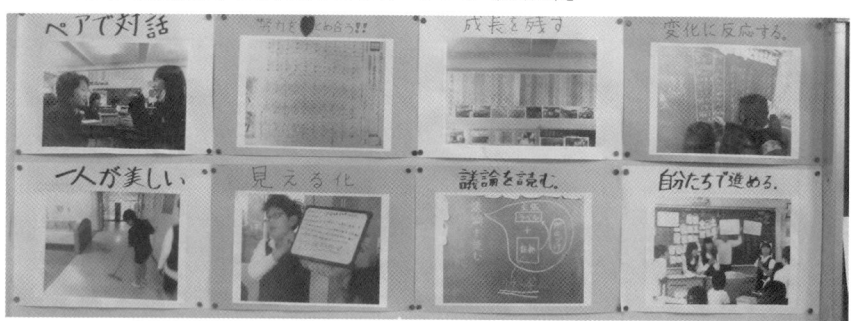

　私は、言葉によって子どもたちを鍛え育てたいと思っています。言葉によって、思考や行為や集団としてのあり方を「整える」「調える」ことが大切だと考えているのです。

　毎朝の短い時間ですが、教師が「言葉を大切にしている」ということを子どもたちに伝え続けることが大切だと思います。その思いは必ず子どもたちに伝わると思います。もちろんすぐには変化は見られませんが、豊かな言葉を身につけた子どもたちは、確実に成長します。それを信じて子どもたちの前に立ち続けたいと思っています。

▲見つめ合って行っている「ほめ言葉のシャワー」

▲白熱した話し合いの5年生国語科授業「わらぐつの中の神様」

第3章 「対話のあふれる授業」で考え続ける子どもを育てる

福岡県北九州市立大原小学校
田中聖吾

　授業でコミュニケーション力を高めることで、子どもたちも豊かな人間関係を築き、強い学び手へと成長していきます。

1 「対話のあふれる授業」のねらい

　これからの社会を生きていく子どもたちが身につけておきたい力とはなんでしょうか。もちろん、様々な力が必要となってくるでしょう。

　その中でも、特に重要となってくるのが、人が人と協力し合う、よりよい人間関係を築いていく力である「コミュニケーション力」だと、私は強く思います。

　現在、教室で行われる授業では、教師が「○○がわかる人は？」と聞くと、子どもが挙手をして「△△です」と答えるというようなことが多いようです。このような伝統的な教室のコミュニケーションも確かに必要です。なぜなら知識や基本的な人とのかかわり方という面で、子どもたちが共通の土俵に立つことができるからです。

　しかし、このような伝統的な教室のコミュニケーションだけでは、子どもたちがこれから生きていく社会で通用するような「コミュニケーション力」をつけることは難しいと感じます。

　菊池道場で学ぶ私たちは、様々な子どもが集まる教室の中でお互いに協力しながら人間関係を深めたり共通の目標に向かって切磋琢磨したりすることで、一人ひとりがこれからの社会を形成にするにふさわしいような「コミュニケーション力」を育んでいく必要を強く感じています。そして、このような取り組みを通して、一人ひとりの子どもが自立した人間性を身につけることこそが教室における最大の目標ではないでしょうか。

　子どもたちが、一日の学校生活の中でいちばん長い時間を過ごしているのは授業です。1年間で約1000時間もある授業時間において、教師に、子どもたちの社会で通用する「コミュニケーション力」を育てる視点をもっているかいないかということは、大変重要であると言えます。

　ぜひ、学校生活でいちばん行われている授業を通して、継続的・計画的に子どもたちに「コミュニケーション力」を育んでいってほしいと強く願います。

2 「対話のあふれる授業」の概略

ペア学習

ペア学習では、よりよい話し方聞き方を教師が教え、実際にやらせてみます。繰り返すことで、よりよいかかわりを通して、次第に子どもたちの人間関係もよくなってくるはずです。

グループ学習

グループ学習では、協力することのよさを体験させましょう。協力することのよさを実感した子どもたちは、話し合いにきちんと参加し、進んで自分の考えを表現しようとします。

ディベート学習

ディベート学習を通して、話し合いの技術が高まります。しかし、それ以上に「自分の発言に責任をもつ」「相手の意見を尊重する」などの気持ちを高めていくことが学級づくりにおいて大切です。

自由対話

自由対話で、考え続ける楽しさやすばらしさを実感できるようにします。多様な考えにふれ、よりよいものを考え続ける力は、未来に向かって生きる子どもたちにとってかけがえのないものとなるでしょう。

3−1 「ペア学習」でコミュニケーションの土台をつくる

◻ 「ペア学習」のねらい

　菊池道場で先生方と話をしている時、友達とうまくかかわることができずにトラブルになる子どもの話がよく出ます。

　私自身、高学年になっても友達ときちんと向き合って話をするといったこともできない子どもを多く見てきました。

　このような子どもたちの希薄な人間関係をそのままにしておいても、よい学級集団をつくることはできません。子どもが、適切な友達とのかかわり方を知らないのであるならば、きちんと教師が教えるべきです。

　そのために、まずは一対一のペア学習から始めてみましょう。繰り返しねらいをもって行うことで、子ども同士のかかわり方が変わってくるはずです。

　・進んで友達とかかわり合おうという気持ちを育てる
　・話し合いをするための土台になるような、よりよい話し方聞き方を身につける

◻ 指導のポイント

1. ペア学習の目標をきちんと確認する

　理科の学習をした時のことです。

　子どもたちを教室の前の方に集めて、次のように言いました。

『今から先生がする実験をよく見ていてください。ペットボトルにゴム栓をして、お湯の中につけます。ペットボトルの中には、空気以外何も入っていません。さあ、どうなるか…』

　子どもたちがじっと見つめる中、ゴム栓をしたペットボトルをお湯の中につけました。しばらくすると「ポン」という音と共にゴム栓が飛び出しました。子どもたちからは、次々と驚きの声が聞かれました。

「オー。すごい」

「なんで、なんで栓が飛んだの」
　その後、子どもたちにも同様の実験をさせてみました。子どもたちは、ペアの友達と一緒に何度も何度も楽しそうに実験を繰り返していました。

　実験が一段落したところで、子どもたちを席に座らせて話をしました。
『ゴム栓は、飛び出しましたか』
「うん飛んだよ」
「楽しかった」
『そうですか。楽しかったですか。それでは、みなさんに聞きます。なぜ、ゴム栓は飛び出したのでしょうか？』
　いきなりの質問で、子どもたちも少しとまどっているようでした。なかなか挙手もありません。そこで、しばらくして次のように言いました。
『一人では考えが思いつかない時もありますよね。そのような時には、友達と一緒に相談するとよい考えが思いつくものです。実験をしたペアの友達と一緒に、なぜ栓が飛び出したのかを考えてみましょう』
　続けて言いました。
『しかし、遊びではありません。発表の準備のためにペアで相談するのです。相談の時間をとったのに発表できませんということがないようにしてくださいね。もちろんペアでの相談が終わったら、誰かに発表してもらいますよ』
　黒板に「自分の考えをもつ」「発表の準備のためのペア相談」と書き、子どもたちに確認しました。子どもたちの雰囲気が少し引き締まったように感じました。どの子どもも真剣な表情です。

　最初のうちは「なぜペア学習を行うのか」、つまりペア学習の目標を必ず教師から伝えるようにします。今回のように「発表するための準備をする」という目標を事前に伝えておけば、ペア学習に取り組まなかったり、話が横道に脱線しすぎたりすることもなくなるはずです。
　繰り返し行っていく中で、子どもたちに

・『なぜ今からペアで話し合うと思いますか？』
・『ペアで学習していったら、どんなよいことがあると思いますか？』
・『どのようなペア学習をしたいですか？』
などと聞き、「なぜペア学習を行うのか」という子どもたちなりの目標を設定するのもよいでしょう。

2. 人間関係をよくするようなかかわり方を教え、広げさせる

『では、早速、ペアで相談してください。なぜゴム栓は飛び出したのでしょうか』
　続けて言いました。
『あと、ペアで学習するときには、最初に『お願いします』、最後に『ありがとうございました』を必ず伝えるようにします。一緒に頑張って考えてくれる友達への礼儀です。必ず言いましょう』
　子どもたちは
「よろしくお願いします」
の声と共に、一斉にペアで相談を始めました。

「なんでペットボトルをお湯につけたら栓が飛んだんだろう？」
「ペットボトルをおしたからかな…」
「えっ、どういうこと」
「ほら、前にペットボトルに栓をして、おしたら栓が飛んだじゃない。それと同じじゃないかなあ」
「でも、ぼくはお湯につけただけでおしてないよ」
「そうだよね。じゃあ、何で栓は飛んだんだろう…」
…

「たぶん、ペットボトルの中の空気が動いて、栓をおしたんじゃない」
「なるほど。お湯につけて熱いから、上の方に空気が動いて、栓をおしたのかもしれないね」

「そうそう。きっとそうだよ」
…

　途中、ペア相談を中断し、次のようなことを伝えました。
『とてもよい相談をしているペアがいくつかありました。きちんと友達に向かい合っているペア。「うん、うん」「なるほど」「へー」などのあいづちをうって相手の言ったことにきちんと反応しているペア。そのようなペアは、相談が盛り上がって、どんどんよい考えが出てきていますね。すばらしいです。よいことは、まねしましょう。『向かい合う』と『あいづち』ですよ』
「向かい合う」「あいづちをうつ」と黒板に書き、ペアでの相談を再開させました。

『時間です。『ありがとうございました』で相談を終わりにしましょう』
　その後、多くの子どもが、ペアで相談したことを発表することができました。
　しかし、中には、考えが思いつかなかったというペアもありました。そのようなペアには、
『一生懸命ペアで向き合って考えていたけど、思いつかなかったんだね。でも、先生が見た時には『うん、うん』とあいづちをうって熱心に話し合っていましたよ。すごくペアの友達の話を大切に聞いていることが伝わってきました。途中でもいいから、ペアで話したことを言ってみてごらん』
というように、まとまっていなくてもペアで話し合ったことを発表させるようにしました。

　ペア学習の最初の段階では、内容面を重視し過ぎるよりも、よりよい人間関係をつくるためのかかわり方を大切にしていった方がよいと感じます。

- 最初と最後に「よろしくお願いします」「ありがとうございました」を言う
- お互いに向き合う
- 頷く
- あいづちをうつ
- 笑顔で話す、聞く
- 身ぶり、手ぶりをつけて話す

　最初のうちは、これらのことをルール化して、必ず全員が行うようにします。そして、頑張っている子どもをきちんと教師が認め、それを他の子どもたちへと少しずつ広げるようにしていきたいものです。

　このようなことを繰り返し行うことで、きっと子ども同士の人間関係はより豊かなものへとなっていくはずです。

～ペア学習のコツ～

　ペア学習での一対一のかかわりは、コミュニケーションの基本です。特にはじめの段階では、きちんと教師から教えることが大切です。『きちんと向き合って始めましょう』『相手を見て話すと、よく伝わりますね』『傾聴します。そっくりそのまま話せるようにしましょう』など、具体的なポイントを示しながら粘り強く伝え続けましょう。

　もちろん教師が示すだけでなく、ペア学習後に「がんばったところ」「次にがんばりたいところ」などを子ども自身がふり返ることも大切です。

◻ 考察

　授業を通してクラスの子どもたちにコミュニケーション力を身につけさせたいと考えた時、どのようなことから始めればよいでしょうか。私は、まずはこのような一対一のペア学習から始めるのがよいのではないかと考えます。

　このようなペア学習を続けたことで、普段の子ども同士のかかわり方も少しずつ変わってきました。特定の友達としか話をしなかった男の子が、女の子とも楽しそうに話をするようになってきました。授業中、多くの子どもが発表者に体を向けて聞くようになってきました。少しずつですが、子どもたちの人間関係が変わってきたように感じます。

　齋藤孝氏は「コミュニケーション力とは、意味を的確につかみ、感情を理解し合う力のことである。(「コミュニケーション力」岩波新書)」と言っています。つまり「意味を伝え合うこと」と「感情を伝え合うこと」がコミュニケーションであると考えられます。
「意味を伝え合う」ためには、きちんと話したり聞いたりすることができなければいけません。また「感情を伝え合う」ためには、非言語でのコミュニケーションも大切になってくるでしょう。このようなことは、放っておいていつかできるようになるというものではありません。

　だからこそ、はじめの段階ではペアでのコミュニケーションの機会をもち、学習中にきちんと教師が指導していくことを心がけるべきです。ペアという最小単位でのコミュニケーションだからこそ、教師も子どもも、指導したことができたかできていないかがわかりやすいはずです。また、ペアの相手を変えて繰り返し指導をすることも可能です。

　最初のうちは、非言語のところを重視します。次第に子どもたちが慣れてきたら

・友達の発言に一言感想を返す

・質問をする

・発言をつなげる

等も、徐々に教師から教え、子どもたちにさせてみましょう。

3-2 「グループ学習」で協力することのよさを実感させる

◻︎「グループ学習」のねらい

　ペアでのコミュニケーションに少しずつ慣れてきたら、次はグループで学習する機会を増やしていきます。グループ学習を通して、少しずつ多人数とのコミュニケーションを経験させるようにしていきましょう。

　しかし、グループ学習になるとどうしても積極的に発言できない子どもが出てきます。人数が多くなったので、自分が発言をしなくても大丈夫という変な安心感からでしょうか。

　菊池先生がよく「活動のやり方を説明する時には、必ずその活動の価値も一緒に伝えるようにする」ということを言われます。

　グループ学習の進め方だけでなく、その価値も一緒に伝えることで、子どもたちをグループ学習への「出席者」でなく「参加者」へと変えていきましょう。

・進んで友達と協力しようという気持ちを育てる
・進んで自分の考えを発言できるようにする

◻︎ 指導のポイント

1. 協力することのよさを体験させる

　ペア学習で少しずつコミュニケーションの基本が身についてきたころ、グループ学習を行うようにしています。

　ねらいは、多くの友達と協力することのよさを、体験を通して実感させることです。しかし、いきなりクラス全員でということになると、どうしても参加しにくい子どもも出てきます。

　そこで、まず4人程度のグループ学習を行ってみましょう。グループ学習で、積極的にコミュニケーションをとり、協力することのよさを実感した子どもは、きっとクラス全員で学習する時でも積極的に協力できるようになるはずです。

１学期も少し過ぎた頃、子どもたちもペア学習に慣れてきたように感じました。そこで、少しずつグループ学習を取り入れるようにしました。
　黒板にいきなり「口」と書き、子どもたちに聞きました。
『問題です。この「口」という漢字に２画足して、別の漢字にしましょう。いきなりだけど、何か思いついた人はいますか』
　元気のよい男の子が挙手をしたので指名しました。
「『目』なります」
　まわりの子どもたちから「あっ、そうか」「そういうことか」というような声が聞こえました。
『なるほど。『口』に２画足して、『目』という漢字になりますね。みなさん、問題の意味はわかりましたか』
　ほとんどの子どもが頷いていました。
『では、やり方を説明します。まず、このような漢字を一人で、できるだけたくさんノートに集めます。相談はなしですよ。次にペアの友達と集めます。その次には、グループの友達と集めます。最終的に、どのような漢字が集まったのかを誰かに聞きたいと思います。何か質問はありますか』
　黒板に「個人→ペア→グループ→発表」と学習の流れを書きながら確認し、早速、個人で漢字集めを開始させました。
　どの子どもも一生懸命考えながら、ノートに漢字を書いていました。
　５分後、個人でいくつ漢字を集められたかを確認しました。最高で６個集めた子どもがいました。
『では、次におとなりのペアと漢字を集めます。相談をして、どんどん漢字をノートに増やしていってくださいね。時間は、個人の時と同じように５分です。始めてください』
　ペアでの相談が始まりました。最初は、どのペアもノートを見せ合いながら集めた漢字を確認しています。
「あっ、これがあったか」

「ねえねえ『白』って漢字書いてないよ。書いて書いて」
「他にないかなあ…」
　どのペアも真剣に話し合っているのが伝わってきました。
　５分後、ペアでの漢字の数を確認しました。ここでの最高は、１１個でした。
『では、最後にグループでします。その前に聞きたいんだけれどグループで漢字を集めたら、数は増えると思う？』
「増える」
『なんでそう思うの？』
「やっぱり、いっぱいで考えた方がたくさん集まると思う」
「２人のペアよりも、４人グループの方がたくさんアイデアが出そう」
『そうですよね。１人より、２人より、４人グループの方が増えるでしょうね。ぜひ、グループ全員で頑張ってみてください。誰か１人だけはずれたり、２人と２人になったりせずに、４人グループでいきましょうね。それでは、机をさっとグループの形にしてから始めましょう』
　子どもたちは、すばやく机をグループの形にして話し合いを始めました。
「どんな漢字がある。ノート見せて」
「あっ、そうか。これがあった。ありがとう」
「ねえねえ『田』がいいなら『申』もじゃない」
　どの子どもも頭を近づけ、積極的に話し合いに参加していました。
　途中、声が少し大きくなりすぎていたので、
『少し声が大きすぎです。運動場でつかう声になっていますよ。それではとなりのグループに聞こえてしまいます。グループ秘密会議にしてください。秘密会議ですよ』
と声をかけました。すると、教室のざわついた感がなくなり、身を乗り出しながらグループの声で話をすることができるようになりました。
　５分後、グループでの話し合いを終了させて机を元の形に戻すように言いました。

同じように漢字の数を聞くと２２個のグループがありました。他のグループから
「オー」
「すごい」
という声がもれました。
　最後に集めた漢字をクラス全員で確認し、黒板に書いていきました。
「それもあった」
「アー、なるほど」
「すごい。たくさん集まったね」
　最終的には、２４個の漢字が黒板に出ました。

　最後に、学習をふり返りました。
『一人で考えた時は最高６個でしたね。ペアで１１個、グループで２２個、全員では２４個になりました。このように一人ひとりが全力を出し、それを合わせていくことを『協力』といいます。みなさん、すばらしい協力でしたね』
　最後に「今日の学習で気づいたことや考えたこと」を書かせ、発表させました。
「一人で考えた時は、あまり漢字が思いつきませんでした。でも、友達と考えたらたくさんノートに書くことができました。みんなと考えると思いつかなかったことがわかるので楽しかったです。最後に先生が「協力」って言ったけど、なるほどと思いました。これからもたくさんの友達と一緒に協力していきたいと思いました」

　多くの子どもが、今回の学習で「協力」ということのよさを感じているようでした。たくさんで考えるとアイデアが出て、漢字が増えていく。確かに単純なことかもしれません。しかし「協力」という言葉を、このような経験を通して知った場合と、単に親や教師から言われて知った場合とでは子どもの納得の度合いがちがってくるように感じます。

2. まずは「質より量」を目指させる

　算数で折れ線グラフの変わり方をよみとる学習をしました。
『この折れ線グラフは『東京とシドニーの月別気温』を表しています。このグラフを見て、何か気づいたことありますか？』
　何人かの子どもが挙手をしたので、指名して答えさせました。
「２本折れ線グラフがあります」
「東京とシドニーでは、ぜんぜんグラフがちがう」
「シドニーは、オーストラリアにあるって聞いたことあります」
『そのとおり。いいですね。それでは今からはグループでこの折れ線グラフを見て気づいたことをたくさん集めてみてください。時間は５分間です。さあ、どのグループがいちばん多く見つけられるかな？』
　子どもたちに、進め方の約束を黒板に書きながら説明していきました。

○グループで気づいたことを発表し合う
○グループの中で一人、正の字を書いて出た意見の数を数える
　（後で数を発表してもらいます）
○一人が連続で発表してよいのは２回まで
　（他の友達が発表したら、また発表してもよい）
○時間になった時に発表していない人がいたら記録は０回になる
○「いいね、いいね」で、どんどん発表をする

「どんなことでも発表していいんですか？」
『いいですよ。『こんなこと言ったらおかしいかな』なんて思わず、どんどんグループで数を増やしてください。もちろんこの折れ線グラフに関係することだけですが。まずは質より量を目指しましょう』
　子どもたちから質問がなくなったので、早速開始しました。
「東京は、１月がいちばん気温が低い」

「その時の気温は５度だね」
「シドニーは、７月がいちばん低いよ」
「東京のグラフは山みたいなかたちになっている」
「東京は３月から４月の間が、いちばん気温が上がっている」
「そうそう、３月から４月がいちばん急になってるもんね」
…

　５分後、話し合いをやめさせ、グループの意見の数を確認しました。
『すごい。どのグループも２０個以上も出ていますね。たった５分間で２０個以上も出るなんて驚きです』
　どの子どもも得意げな表情です。
　その後、グループで出た意見を確認するために教師から聞きました。
『東京は、８月の気温がいちばん高いという意見が出たグループはありますか』
「ぼくたちのグループで出たよ」
『よく見つけたね。では、東京とシドニーの８月の気温の差は１４度という意見が出たグループは…ないですよね』
「あっ、それは出てないかも…」
「私たちのグループは出ました。○○君が言ってくれました」
『エー！そんなところまで気づいたの。本当すごいな。じゃあ、○○君のグループの人。今、先生が言ったこと以外でグループの中で出たものを教えてくれませんか』
…

　このようなやり取りを少し繰り返し、グループの中でどのような意見が出たのかを全体で確認していきました。
　そして、グラフを変え、もう１回グループで読み取るようにしました。２回目ということもあり、どのグループも１回目の記録を大幅に更新することができました。

　菊池先生が、グループでたくさんの意見を出させる際に、

『流れる水のようにたくさん出す。石のように固まらない』
と言われているのを聞いたことがあります。

　今回の実践では、どの子どもも積極的に発表をする姿がグループの中で見られました。しかし、中には、あまり重要でないことを発表する子どももいます。しかし最初は「質より量」です。まずたくさん発表できるようにすることが大切であると考え、最初のうちはしっかりと認めていくようにしました。

　進んで発表ができるようになってから、少しずつ質を高めていけばよいのではないかと感じます。

　～グループ学習のコツ～

　グループ学習になると積極的に発言をすることが難しい子どもがでてくることがあります。自分の意見に自信をもてないのでしょう。

　だからこそ初めのうちは、出てきたすべての意見を認めるような態度や声かけを増やしていきましょう。

　・『よい話し合いのポイントは笑顔です』
　・『『いいね、いいね』を合言葉にしましょう』

　まずは、このような言葉かけを続けることです。どの子どもにも発表しやすい雰囲気をつくることが大切です。

◻ 考察

　どの学級であっても、必ずいくつかのグループが存在することでしょう。私のクラスにも、給食グループ、そうじグループ、異学年での縦割りグループなどがあります。

　このようなグループで活動を行う際には人とのかかわり、つまりコミュニケーションが絶対に必要となってきます。もちろん、このようなことは小学校だけの話ではありません。大人になれば、一人だけで仕事をするということは、ほとんどないはずです。そこには、必ず人とのかかわりが生まれてきます。

　グループ学習のポイントは、ずばり「協力」です。

　グループ学習をすることを通して、みんなで積極的に協力し合うことのよさを体験させていきます。そうすることにより、きっとグループでのコミュニケーションもよりよいものになっていくはずです。

　このようなことを繰り返していくうちに、子どもたちの中にも自分を出さないで人任せにするのではなく「自分もこの学級の一員として頑張っていこう」「どの友達も学級の一員なんだから助け合っていこう」というような考え方が生まれてくるはずです。そのように考える子どもたちのいる学級は、きっとすてきな子ども同士のかかわりが生まれてくるでしょう。

3−3 「ディベート学習」で子ども同士のつながりを強める

❏「ディベート学習」のねらい

　ディベート学習というと、いつもとちがった特別な話し合いというイメージをもつかもしれません。しかし、まったくそのようなことはなく、ディベート学習は普段の話し合い、そして学級づくりと関連しているのです。
　ディベートで身につけた力を普段の話し合いにも活用していくことでよりよい話し合いができるようになります。そして、よりよい話し合いができる子どもは、お互いに言葉でコミュニケーションをとり、すばらしい仲間と共に豊かな学校生活を送ることができるはずです。そのような学級を目指したディベート学習にぜひ取り組んでみましょう。

・感情的にならず、人と論を区別する
・相手を尊重しながら話し合うことができるようにする

❏ 指導のポイント
1. 事前の準備をしっかりとさせる
　まず、子どもたちにディベート学習の説明をします。

・論題（話し合うテーマ）が決まっている
・立場が２つ（肯定と否定、AとBなど）に分かれる
・自分の考えとディベートをする上での立場とは無関係である
・A側立論→B側質問→B側反論→
　B側立論→A側質問→A側反論→判定
　という流れで行われる
・立論・質問・反論できる時間は決まっている（今回は１分）
・勝敗がある

　つまりディベート学習とは「ルールのある話し合い」なのです。

次に子どもたちを４人チームに編成しました。４人にしたのは、立論・質問する・質問に答える・反論と、全員の子どもが参加できるようにするためです。

『ではチームも決まったことなので論題を発表します』

　黒板に「とる漁業とそだてる漁業とでは、どちらがよいか」と書きました。

　最後に、今回が初めてのディベート学習ということもあり、事前にどちらの立場なのかと対戦チームも決めておきました

　その後、すぐにでもディベート学習を始めたいと思う子どももいるかもしれません。

　しかし、必ず準備の時間をとるようにしましょう。

　ディベート学習成功の秘訣の１つは、事前に十分な準備をさせることにあります。例えば
　・論題の言葉の定義をきちんとしておく
　・論題についてのメリット・デメリットを考える
　・立論や反論の型を教えておく
　　（立論では、「ラベル→事実や理由づけ」）
　　（反論では、「相手の意見の引用→否定→理由→結論」）
　・立論を支える事実について調査する
　・立論については、紙に書き、審判にわかりやすく伝える練習をする
　・相手の質問や反論を予想しておく
　などです。

『ディベート学習の勝敗の半分以上は、どれだけきちんと準備をしたのかで決まってきます。つまり行う前から半分以上は勝敗が決まっているの

です。準備をしていなければ、自分の出番になっても何もできません。そんなことは、自分のチームや相手のチームのためにもしたくないですね。ぜひ、グループで協力しながら準備をしてください』
というように教師から準備の大切さを伝えるようにしましょう。

　準備を十分にしているからこそ、実際にディベート学習をしてみた時には、お互いの意見がきちんとかみ合ったり、真剣に相手の言っていることを聞こうとしたりするはずです。そして、本気で子どもたちが意見をぶつけ合うことができるようになるのだと思います。

2. 学級づくりに生かすような教師の言葉かけを心がける

　菊池学級のディベート学習を参観させていただいた時のことです。

　ディベート学習が終わり、子どもたちが下校した後に次のようなことを教えていただきました。

『このディベート学習は、単に話し合いの技能を教えるというものではなく、あくまで学級づくりに力点をおいて指導をしています』

　つまり、菊池学級で行われているディベート学習は、相手に勝つことが最大の目標ではないというのです。

　確かにディベートの試合後の菊池先生のコメントは、話し合いの技術的なことよりも、子ども一人ひとりの成長を促すものや子ども同士のつながりを深めるものであったように感じました。

　いくつか紹介したいと思います。

①『空白の1分間を黄金の1分間にしよう』

　とる漁業チームの質問の時です。質問をする担当になっている子どもが前に出てきました。質問に答える子どもも出てきました。

『では今からとる漁業チームからの質問です。始めてください』

　質問の時間が始まりましたが、質問をする子どもはだまったままです。同じチームの友達も慌てているようでした。

　そして、だまったまま質問の1分間が過ぎてしまいました。

最後の判定になり、結局、質問ができなかった子どものチームが負けてしまいました。質問の担当になっている子どもも、同じチームの子どももショックを隠せません。暗い表情でした。
　試合後、菊池先生は黒板に「空白の1分間」と書きました。
『先程、1分間の時間を黙ったまま終わってしまうということがありました。空白の1分間です。たぶん○○さんも自分の出番で思うように頑張れなかったからショックだったことでしょう。しかし、今からの○○さんやチームの友達の頑張りで、空白の1分間を黄金の1分間に変えることだってできるのです。先生は、あなたたちだったら、きっと黄金にできると思いますよ』
　今まで暗い表情だった子どもの顔が少し晴れやかになりました。それと同時に同じチームの友達からも、
「そうだよ。次、一緒に頑張ろう」
「フォローできなくてごめんね。次は必ずフォローするからね」
という声が聞かれました。

「なぜできなかったのか？」という反省をすることも大切です。しかし「何ができますか？」というような、子どもたちの未来に向かっていく気持ちを高めることも大切です。

『なぜ質問できなかったんだ？』というような言葉が出そうな場面で『空白の1分間を黄金の1分間にしよう』という菊池先生の力強い言葉は、きっと子どもの心に強く届いたのではないかと私は感じました。

②『ルール違反です』
　質問に答える子どもが、感情的になってしまい、強い口調で質問に対して質問を返してしまうという場面がありました。
　その時は、少し厳しめに一言。
『ルール違反です。質問に質問を返してはいけません』
　言われた子どもは、ハッとした表情で黙ってしまいました。
　試合後に次のように菊池先生は言いました。
『〇〇くん、いつもがんばっているけど、今日は少しいけないところが出てしまいましたね』
　言われた〇〇くんは下を向いています。続けて言いました。
『ルールはルール。やっぱり守らないといけません。でも、みんな〇〇くんが一生懸命だった気持ちは分かるでしょ？一生懸命だからこそ、少し感情的になってしまったんでしょうね。〇〇くんの成長ノートにも『すぐに感情的になってしまうところをなおしたい』と書いていました。〇〇くん、本当に頑張っているんだなあと思います。先生は応援します。みんなも応援してあげてください』
　どの子どもも真剣な表情で聞いているのが印象的でした。
　前述したとおり、ディベート学習とは「ルールのある話し合い」です。ルールがある以上、ルールを破ってしまった場合には厳しく対応することも大切です。
　しかし、そのような場合でもフォローすることを忘れずに心がけたいと思いました。

③『よい話し合いでした。お互いに握手をしましょう』
　どうしてもディベート学習の勝敗にこだわり過ぎてしまう子どもがいます。もちろんグループでの勝利を目指すことは大切です。
　しかし、勝ち負けばかりに目が行ってしまうと、自分や相手チームの友達のがんばりに気づくことは難しいでしょう。
　ディベート学習の終わり。菊池先生は、両チームの子どもに対して次

のようなことを言っていました。
『とてもよい話し合いでした。このようなよい話し合いになったのは、チームで協力してしっかりと準備をしたからでしょう。また、お互いのチームが真剣に話し合ったからでしょう。1つのチームだけでは、相手チームがいなければ、このようなすばらしい話し合いはできませんでした。勝敗はつきましたが、両チームともすばらしかったです。両チーム握手で終わりましょう』

　この言葉を聞いた子どもたちはお互いのチームでかたい握手を交わしていました。そこには、勝敗よりもお互いにがんばったことをたたえ合う姿がありました。

◻ 考察

　学校生活における子どもたちの話し合いの内容は様々です。
　学級内のトラブルを解決するための話し合い、何か新しい取り組みを始めるための話し合い等々。
　子どもたちは、ディベート学習を経験することにより、その時その時の話し合いの意味や進め方などに対して理解を深めることができます。そして、話し合いの内容も深めることができるようになります。なぜかというと、どのような主張がよいのか、意見や質問などの発言の仕方はどうすればよいのか、それらがディベート学習によって身につくからです。
　子どもたちがこの「ルールのある話し合い」を何度か経験すると、決まったことには、たとえ自分の考えとは違っても従おうとします。
「平等に意見を言う機会があって、お互いにがんばって話したのだから」
「決められたルールの中で決まったことだから」
というのが主なその理由です。
　もちろん、子どもたちは、普段の話し合いでも、このことを意識するようになります。そして、自分を表現することを恥ずかしがったり、失敗をおそれたりしなくなります。

3－4 「自由対話」で新しい発見や気づきを楽しませる

❏「自由対話」のねらい

すぐに「意味わからん」と言って考えることを止めてしまったり、自分の考えに固執し過ぎるあまり他の友達の考え方を認めなかったりする子どもが増えてきているように感じます。

菊池先生が授業中に「納得解」という言葉をよくつかいます。菊池学級の子どもたちは、多様な考えにふれ、ねばり強く自分なりの納得できるよりよい考えを求めていくのです。

子どもたちが社会に出て困難なことにぶち当たった時、「意味わからん」といって何も考えない人が社会で通用するでしょうか。そもそも社会という広い世界に出たら完全に正解ということがいったいどのくらいあるのでしょうか。私には、そんなにないように感じられます。

明確な正解がないからこそ、よりよいものを求めて考え続けることが大切になってくるのだろうと強く思います。

自由対話で、多様な考えにふれることを楽しみ、よりよいものを求める気持ちを高めていきましょう。

・新しい発見や気づきを楽しむ気持ちを育てる
・考え続け、よりよいものを求める気持ちを育てる

❏ 指導のポイント
1. まず自分の考えをきちんともたせる

道徳の学習で「一本のチューリップ」という学習をしました。

ある女の子が、入院しているおばあちゃんにとどけようと、こっそり学校の花壇からチューリップをとってしまうというお話です。

お話を聞かせた後、次のように子どもたちに言いました。

『女の子のしたことは、よいことか、よくないことか？よいと思う人はノートに○、よくないと思い人は×を書きなさい』

全員が○か×かの立場が決まった後、人数確認をしました。○が6人、×が24人でした。
　続けて
『では、理由を考えてノートに書きましょう』
と伝えました。
　立場の決まった子どもたちは、熱心にノートに理由を書き始めました。

　立場を決めた後、その場ですぐに理由を発表させる時もあります。しかし、子ども同士の対話を重視したい時には、まず自分の考えをノートに書かせるようにしています。それにより自分の考えを整理したり、全員がきちんと考えをもつことができたりするからです。
　自分の考えを明確にもっていない場合、仲の良い友達の意見に流されてしまったり、積極的に話し合いに参加できなかったりするようです。そのようなことにならないためにも、最初に自分の考えをノートに書かせることは大切です。

2. 意見は絶えず成長していくものだということを伝え、実感させる

　クラスの全員が理由を書き終わったところで自由対話のやり方を伝えました。

自由対話のやり方
① テーマについて自分の考えをもつ
② 自由に立ち歩いて、同じ立場の友だちと話し合う
③ 自由に立ち歩いて、ちがう立場の友だちと話し合う
④ 最終的な自分の考えを発表する

　そして活動の進め方と一緒に、活動の価値について必ず伝えるようにします。
『この自由対話をすると、たくさん自分の考えを話したり、友達の考えを聞いたりすることができます。きっと自分一人では考えつかなかったよ

うな意見にも出会えることでしょう。そのような新しい発見や気づきを通して、きっと自分の考えもより広がったり、深まったりするはずです。先生は、そのように考えを広げたり深めたりできる人こそ、本当に立派な人だと思います。ぜひ、みなさんも今ノートに書いてある考えを広げ、深め、成長させ、自分なりの納得できる考えを見つけてください』

　このように活動を行う際には、進め方と価値をセットで子どもたちに伝えるようにしています。価値を伝えることで、この後の活動への子どもたちの意識がちがってきます。友達と考えを交流し合うことで自分の考えを広げたり深めたりすることが大切であると意識できている子どもは、きっと積極的に友達とかかわろうとするはずです。

『〇の人は、教室の後ろ。×の人は前。では、どうぞ始めてください』
　早速、子どもたちは、席を立ち、同じ立場どうしで集まって話し合いを開始しました。
　〇派では、次のような話し合いがされていました。
「入院しているおばあちゃんのためだから、しょうがないよね」
「うん、私もそう思う。別にいたずらでとってないんだから、いいんじゃないかな」
「でも、勝手にとって本当によかったのかな…」
「おばあちゃんを喜ばせようとしているから仕方がないよ」
…
　×派では、次のような話し合いがされていました。
「やっぱり自分勝手に学校のものをとるのはいけないよね」
「うん。いくらおばあちゃんのためでもダメだよ」
「そうよね。もしかしたら１年生が大事に育てているかもしれないしね」
「学校のルールにも、勝手に花壇の植物はとってはいけないって書いてあるもんね」
…
　しばらくして、一度子どもたちを席に戻しました。席に戻ると、考え

が変わったのでしょうか、再びノートに考えをメモしている子どもがいました。
　次にちがう立場の友達と話し合いを開始しました。子どもたちは自然と〇派、×派で３～４人ずつの小集団をつくり、話し合いが始まりました。
「やっぱり勝手に学校のチューリップを持って帰るのはいけないと思うよ」
「でも、入院しているおばあちゃんを励まそうとしたんだから」
「そうだよ。自分のためじゃなくて、おばあちゃんのためにしているからしょうがないと思う。後で、先生とかに事情を話せば、きっと許してもらえると思うよ」
「そうかなぁ。学校から勝手にもってきたチューリップをもらって、おばあちゃんはよろこぶのかなぁ？」
「そうねぇ…そう言われれば、おばあちゃんも喜ばないかもしれないね」
「やっぱり勝手にもっていくのは、いけないかもね」
「じゃあ、どうすればよかったのかなぁ…」
…
　しばらくして子どもたちを席にもどし、友達と話し合ってどのようなことを考えたのかを聞いてみました。
　すると、迷っているという子どもが何人かいました。
　そこで、女の子はどうすればよかったのかを考えてみました。
「先生に許可をもらえばよかったんじゃないかな」
「やっぱり自分のおこづかいで買えばよかったと思います。おばあちゃんもそっちの方が喜ぶんじゃない」
「写真に撮って見せてあげたらいいんじゃない」
…
　子どもたちからは、実にたくさんの考えが出ました。

　最後に話し合ったことをふり返り、今の自分の考えをノートに書かせました。はじめに書いた考えよりも、より広く、より深くなっているの

が見て取れました。書き終えると、一人の子どもに最終的な考えを発表してもらいました。

「わたしは、最初は○だったけど、やっぱり×にしました。『学校から勝手にもってきたチューリップをおばあちゃんが喜ぶかなぁ』と○○君が言ったのを聞いて、ハッとしました。私も、勝手にもってきたと聞いたらおばあちゃんは喜ばないと思いました。だから、勝手にもっていくんじゃなくて、一言、先生とかに聞いてみればよかったんじゃないかと思いました。それでダメだったら、△△さんが言っていた『球根を買って、一緒に育てる』という方法にすれば、おばあちゃんもきっと喜んでくれると思いました。」

発表が終わると、聞いている子どもたちから自然と拍手が起こりました。

ちがう対場の友達との話し合いは、どの子どもも白熱していました。子どもたちは、○か×かの決着をつけるというよりも、自分とはちがう考えに出会うこと、それにより新しい発見があることを喜んでいるようでした。

ぜひ教師は、ちがう立場の友達であってもよい意味での折り合いをつけながら更によいものを考え続けようとする気持ちを認め、ほめ続けていきましょう。そうすることで、子どもたちは、よりよいものを考え続けようとする強い学び手となっていくはずです。

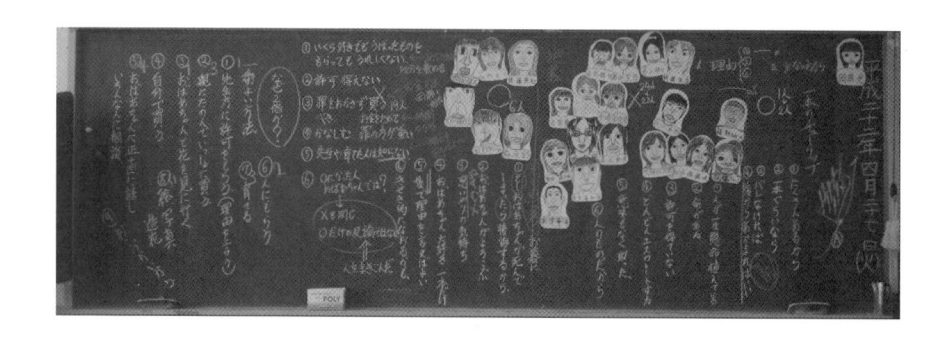

〜自由対話のコツ〜

　大人であっても、話し合いをしている最中に「わたしの考えはこんなふうに変わってきた」「今回の話し合いでは、こんなところがよかった」というようなことを考えるのは難しいように感じます。
　ましてや子どもであればなおさらです。
　だからこそ、最後に話し合いをふり返る時間をもつようにしましょう。活動をしたらきちんとふり返るようにすると、無意識のがんばりやよさを意識することができます。そのようなふり返りを続けることで、子どもたちに話し合う力をつけていけるはずです。

考察

　このような自由対話の学習を繰り返していると、次のような話し合いのふり返りを発表する子どもが出てきました。
「最近、授業中に友達と話し合うのがとても楽しくなってきました。なぜかというと、友達と話し合うと思いもよらなかったことに気づくことができるからです。友達の話を聞いて『なるほど』とか『考えてなかったなあ』と思うことが増えてきました。みんなで話し合うと、いろんな新発見が出てくるので楽しいです。これからもっとみんなと仲良くなって、たくさん話し合って勉強したいと思います」
　聞いていて、大変うれしい気持ちになりました。
　子どもたちのコミュニケーション力を高めることで、ちがいを認め合うようになります。そして、友達と交流し合うことで、そのちがいを生かして自分の考えをよりよいものへと考え続けることができるようになります。
　未来を担う子どもたちのコミュニケーション力を高め、様々な考え方を通してよりよいものへと考え続ける力を、ぜひ育んでいってほしいと思います。

第4章

「書き合う・読み合う」指導で価値ある言葉を増やす

福岡県北九州市立小倉中央小学校
井上楽人

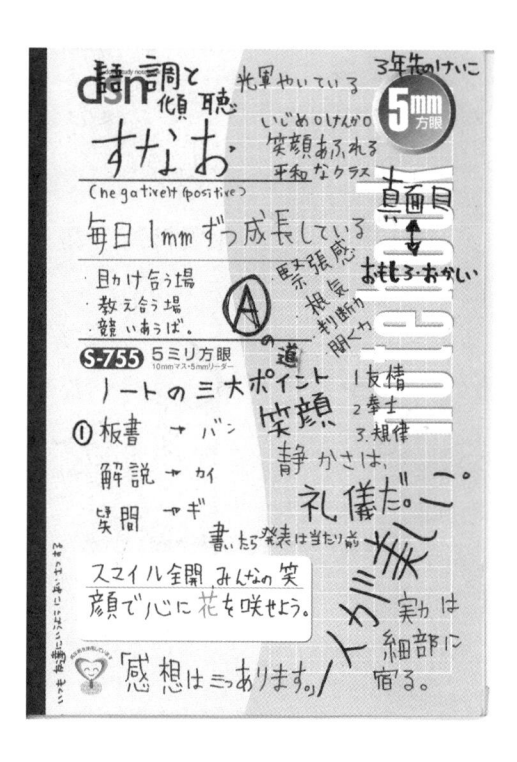

　成長ノート、読書、辞書引きの意図的な指導で、言葉の量を圧倒的に増やしていきます。そうすることで自分の心を成長させ、他者とのコミュニケーションを豊かに展開することのできる子どもを育てていきます。

1 「書き合う・読み合う指導」のねらい

　書く指導の大きなねらいは、自分の気持ちを表現することの基礎を養うことだと菊池先生はよく話されます。文章の書き方を学ぶことも含まれます。そのような指導を重ね、書き方を身につけた子どもたちは、次第に話し方の表現方法も広げていきます。
　おしゃべりが大好きな男の子がいました。「先生、ぼくね、あのね、この前ね、お父さんとね、・・・」自分が何を話したいのか、話の内容をまとめることができていないのです。それを一度、「書く」という作業を通すことで、自分が何を言いたいか内省することができるようになっていきます。「書くことは自己を見つめることだ。そうすると相手との関係も考えることができる。」と菊池先生は言います。継続した書く指導を通して、次第に自分の思いの伝わる文章の書き方を理解することできるようになっていきます。おしゃべりの好きな男の子は、書くことを通して、相手に伝わるように話すことができるように変容していきました。そして、相手と理解し合えるコミュニケーション力も身につけていきました。
　書くことは自分の表現方法を広げ、よりよい人間関係を築いていくためにも重要な指導の一つと考えています。
　読書指導、辞書指導のねらいは、「価値ある言葉を増やすことでもある」と菊池先生はおっしゃいます。価値ある言葉を実生活の行動とつなげるようにすることが、さらに重要だとも話されます。さらに、言葉を増やすことは、自分の心の内面を豊かに表現することにつながるとも菊池先生は子どもたちに話しています。表現することができる言葉を持っている子どもは、自分が今どのような感情を持っているのかを理解することができ、相手のそれも想像することができるようになっていきます。
　確かで豊かなコミュニケーション力を育てるために、本を読む読書指導、語彙を増やす辞書指導を通して、よい言葉やよい文章、今まで知らなかった優れた表現方法を、年間を通して増やしていくべきです。

2 「書き合う・読み合う指導」の概略

成長ノートを書く

成長ノートで、教師と一緒に確かな成長を続けていきます。成長ノートに感想を「いつでも」書きます。

「価値語」を学ぶ

成長ノートは、「**価値語**」を教え、その上で自分の率直な考えや気持ちを書くノートです。授業の感想、一日の感想、価値語やほめ言葉を書きとめておくことにも活用しています。

いつでも読書

朝の10分間や隙間時間で**いつでも**本のある生活をさせます。年間百冊を目指した読書指導。ちょっとした隙間時間でも、本を手に取って読んでいます。机の上には常に本がある状態にしておきます。

辞書引き

当たり前のように、いつでも**辞書を引き**ます。「良質な言葉」である価値語を増やしていきます。辞書引きのスピードも次第に早くなり、価値語が行動とつながりながら増えていきます。

3-1 「成長ノート」で子どもを激変させよう

❏「成長ノート」のねらい

　書く指導の代表的なものとして、菊池道場では成長ノートの実践に取り組んでいます。成長ノートのねらいは３つあります。

1．子どもたちに、心の成長を実感させる

　子どもたちにとって、自分の成長を実感する場面は、テストの点数や身体測定など数値化や可視化されたものがほとんどです。目に見えにくい心の成長を実感できる場面はあまりないようです。そこで、教師が与えたテーマで、子どもたちに成長ノートを書かせていきます。そうすることで、子どもたちは、自分の内面を見つめることにつながります。その時、その場面に合った言葉を書くことで、内省を深めていくことができると考えます。菊池先生は年間１６０個ものテーマで書かせています。

2．書くことで、文章表現を身につけさせる

　子どもたちは、自分の思いや考えを表現するための語彙が不足していたり、書き方を知らなかったりします。そのため、自分の成長に自信が持てず、短絡的な発言によって、感情的な行動をとることもあり、結果、友達とのコミュニケーションもうまくいかなくなっているようです。成長ノートを年間を通して書くことで、まとまった文章表現を身につけていきます。合わせて語彙量も増えていきます。書き続けていくことで、自分の感情を表現できるようになり、友達とのコミュニケーションも質の高いものに変容していきます。

3．各学年にふさわしい「公」を意識させる

菊池先生は学級という「公」を意識させるために、それぞれの学年に合った望ましい行動を体験させ、同時にその行動に合った価値ある言葉を教えています。行動と価値語をセットで教えているのです。その教えた価値語は、成長ノートに感想とともに記録するようにさせています。何度も読み返したり、見て確かめたりすることで、子どもたち自身の言葉にさせるためであると考えます。

　以上の３つのねらいで、成長ノートの実践をすることにより、成長ノートが教師と子どもとをつなぐ、パイプ役のようなものになっていくと菊池先生は話します。

　成長ノートの活用は年間を通して行います。

　こうして成長ノートを書き続けた子どもたちは、自分の内面を「良質な言葉」である価値語で捉えることができるようになり、安心して他者とのコミュニケーションを行っていくことができるように変容していきます。

指導のコツ

「毎日書かせ、毎日コメントを書く」ということにつきます。書かせるテーマは、教師が設定します。コメントはプラスの内容を原則として、分量はそのときのタイミングにより軽重をつけながら実践していきます。

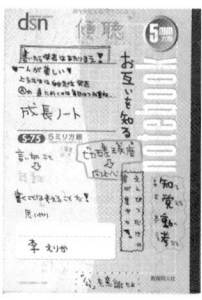

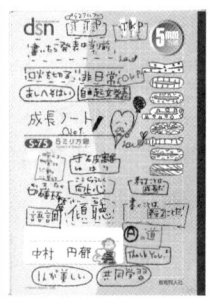

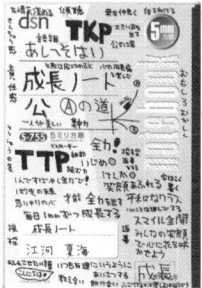

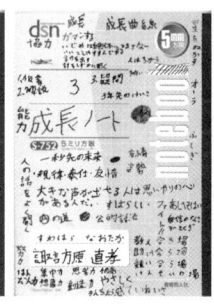

▲価値語を大切にしていくと、成長ノートが大切な宝物になります。

指導のポイント
ポイント１．使用するノートを与える

ノートは５mm方眼のノートを使用します。３年生以上であれば、十分に活用できるノートです。ピリッとした緊張感を持たせるために、シンプルなものがよいようです。初めに「成長ノート」と「名前」を書かせます。

ポイント２．成長ノートを書く意味を考えさせる

何か子どもたちに活動を促すときは、必ずその意図を明示します。または、考えるようにさせていきます。これは、菊池先生が必ず行う指導の一つです。そこで、成長ノートを子どもたちに渡すときにも、なぜ成長ノートを書くのか、意味を理解させます。教師の意図を明確に伝えながら、子どもたちにノートを渡すことが大切になっていくと考えています。

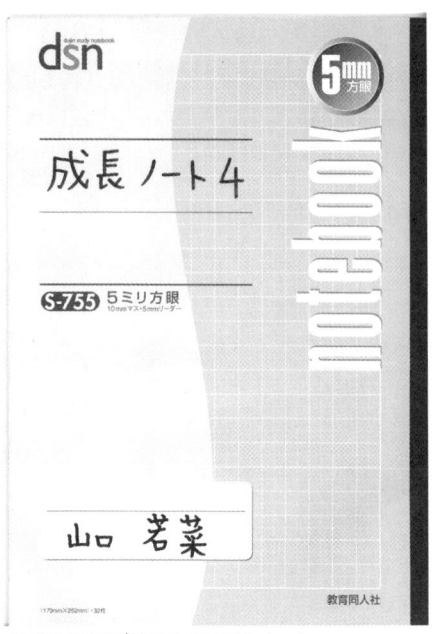

▲菊池道場が使用しているノート

成長ノートを書かせる教師の意図
・教師が一人ひとりの子どもとつながるため
・向上し続ける人が進む「Aの道」を目指させるため
・社会を見据えた「公」の在るべき姿を、言葉を通して意識させるため
・各学年にふさわしい考えや行動を促し、向上、変容させるため

『このノートの名前は「成長ノート」といいます。みんなの宝物になるノートです』
「成長ノート？」
「宝物になる？なぜ？」
　初めての言葉に、子どもたちは戸惑います。

『成長ノートは、「Aの道」へ行くために、自分の気持ちや考えを書いていくノートです。日記に少し似ていますが違います。先生がテーマを出します。それに対して書いていくのです。それでは、まずはノートを渡しますね』

このようにして、成長ノートの価値を高めて渡しました。

名前と「成長ノート」と書かせた後に、子どもたちに問いました。
『なぜ、先生は「成長ノート」のことを宝物になると言ったのでしょう』
「え？分からん？」
「日記とは違うんだよね。なんでかな？」

子どもたちは、新しく隣になった友達とあれこれと話を始めます。子どもたちなりに考えようとしていました。

『宝物とはダイヤモンドのような「目に見える物」も確かに宝物ですね。先生は、「目に見えない宝物」もあると思っています。それは、自分の気持ちや考えの成長です。「目に見える宝物」も大切ですが、「目に見えない宝物」も大切です。「成長ノート」にはそのような君たちの気持ちや考えを書いて残していくことになります。それらは、必ず成長していくはずです。だから、「成長ノート」は宝物になっていくのですよ』

子どもたちは、何となくそうかなぁという表情をしています。

『君たちの考えや気持ちが、5年生らしく成長していくことが、何よりの宝物です』

『今日は早速、テーマを出します。まずは、先生が黒板に書くことを写しなさい』
【4／5　先生への質問】
と板書しました。
『先生への質問を書きなさい。先生も、これから

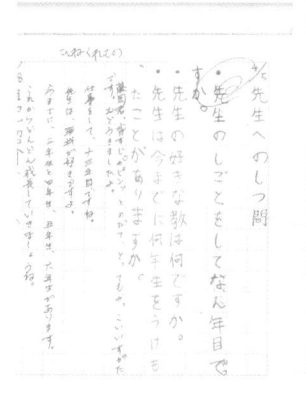

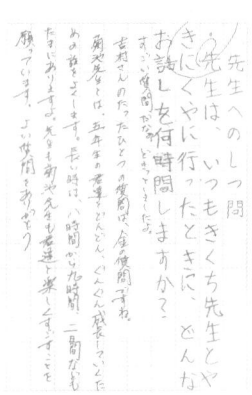

みんなと一緒に成長していきます。一緒に宝物を探しに行くのです。そのために、まずは、先生のことを知ってもらいたいと思っています。答えられることは全て答えます』

ポイント３．成長ノートに書かせるときのテーマは教師が決める

「４月に成長ノートを書かせたときのテーマ一覧」

・先生へ質問をして、先生の秘密を聞き出そう
・自己紹介ゲームをして、初めて知った友達のことはあるかな
・自己紹介ゲームその２、自分を知ってもらうのはどんな気持ちかな
・「あふれさせたい言葉、なくしたい言葉」を見て考えたこと
・今日の掃除時間にした「プラスワン」を考えることの大切さは何だろう
・５年生になって今、がんばっていること
・私が大切にしたい３つの言葉を考え、始業式からの価値語を思い出そう
・授業参観に向けて５日間チャレンジする３つのことは何
・英語で自己紹介をして、友達を広げよう
・今私がはまっていることは何だろう。自分について考えよう
・先生への質問２、もしかしたら先生は●●が好きかもしれないと予想しよう
・道徳「語調と傾聴」の意味は何だろう。それに合う具体的な行動は何だろう
・明日授業参観でがんばる３つのことを決意しよう
・授業参観の感想。自分で決めたことを、自分で行動できただろうか
・家庭科の学習で考えたことは何だろう。学びを深めていこう
・道徳「こわれた定規」の感想を書き、物を大切にすることを考えてみよう
・友達のいいとこ探しをして、相手軸を意識しよう
・運動会の練習第一回目。今年度の運動会の決意をしよう

　４月は特に、教師と子どもとのつながりを強く意識するようなテーマで書かせます。そうすることで、子どもたちに教師への信頼感や安心感をあたえることができていきます。

ポイント４．教師のコメントで、教師と子どもとの関係を深める

　菊池先生は子どもとのつながりを深めるためには、一生懸命に考えて、テーマに沿って書いた子どもたちへ贈るコメントが重要だと言います。子どもたちが喜ぶコメントをすること、子どもたちとのつながりを強くすることができると考えます。

　子どもたちは、コメントをもらうのが大好きです。
　自分の考えにどのような返事があるかは気になるものです。それは、

大人でも同じなのではないでしょうか。メールのやり取りのような感覚になるときもあります。教師が書いたコメントに、子どもがコメントを書いてくることもあります。

　コメントには以下の４つのパターンがあると考えています。
　いつもたっぷりと、コメントを書いてあげることができればよいのですが、日々の業務の中で、難しいときがあります。ですから、いくつかのパターンを持っておくのは、大切なことだと思います。

１．線と丸だけ返事
　時間がないときは、「見た」という事実を残すために、線と丸だけで返します。「成長ノート」を子どもに返すときに、一言『時間が取れなかったから、丸だけつけています。全部に目は通していますよ。』とつけ加えれば子どもたちは安心してくれます。

２．一言コメント
「いいね」、「なるほど」、「さすが」などの短いコメントです。
　一言だけのコメントを、子どもが書いた文の中に書き込みます。「いいね」と書かれている箇所を子どもたちは改めて読みます。自分が何と書いたかを再度読むことで、よい文章やよい行動などの価値を強化することができると考えます。

３．つぶやきコメント
「そうかそういうことか。○○君のおかげで気がついた」など、子どもの文を読んでいて、実際に思わず教師がつぶやいたことを、そのまま、コメントとして書きます。そうすることで、そのコメント自身が生の声のように

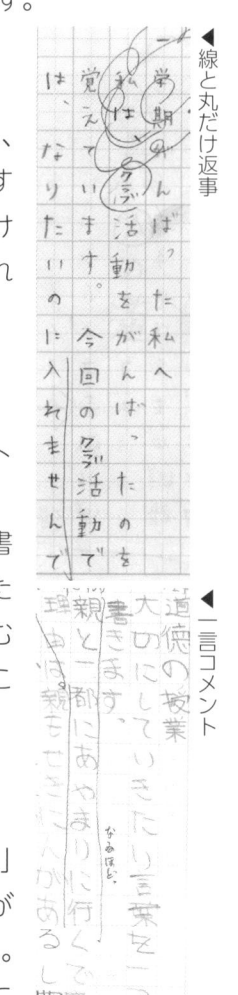

なって、生かされていきます。生の声のようなコメントで、子どもたちは教師と対話をしている感覚を味わいます。

4．1ページコメント

　これは、夏休みなどの時間が取れるときに行うコメントです。たっぷり時間をかけて書くことで、2学期以降の励みなればと思います。このコメントは気合いを入れて子どもたちへのメッセージとして書きます。

◀ つぶやきコメント

◀ 1ページコメント

ポイント5．「いつ」、「どのように」書かせるか教師が指示をする

```
「いつ」書かせるか
●朝の会の3分間程度
・一日の始まり（決意）
・朝の10分間読書での名文コレクション　など
●授業時間内
・「公」を意識させる価値語を教えたとき
・道徳の授業の感想
・運動会の練習前、練習中、運動会後
・授業参観の前、授業参観の後（行事の前、中、後）
・道徳の授業中
・家庭科の調理実習の感想　など
●帰りの会の3分間程度
・「ほめ言葉のシャワー」の言葉を考えるとき
・「ほめ言葉のシャワー」の感想
・一日の感想　など
```

　「成長ノート」は、自分の気持ちや考えを書き続けていくノートです。ですから、いつ書かせるかといえば、子どもたちの気持ちが大きく動いたときや、ごちゃごちゃして考えがまとまりそうにないときと言えます。

　また、こちらから、「良質な言葉」である「価値語」を教えたときの記録としても書かせていきます。

「成長ノート」はいつでも書かせることができるように、すぐに子どもが取り出せる状態にしておくとよいと、菊池先生は話します。

1．価値語を伝えたときには、すぐに写させる
　始業式の次の日の朝です。黒板に始業式の日に、教師が子どもに話したことを箇条書きにして書いておきます。
　これを成長ノートに写させます。

①話は静かに聞く
②４年生のときよりも厳しくなる
③いじめは絶対に許さない
④よいことは進んでやる
⑤全力を出してやる
⑥「楽しい」と「ふざける」は違う
⑦返事は「はいっ」と小さな「っ」を入れる
⑧「リセット」とは「今までと違うこと」をすること
⑨「Ａの道」へ全員で進む
⑩拍手は「強く」、「細かく」、「元気よく」する
⑪「はいどうぞ」、「ありがとう」を言う
⑫校長先生のお名前を知っておくのは上級生として当たり前

　これから一年間、学級指導を行う際に重要と思われる事柄だからです。また、このような言葉を標語のように何度も繰り返し言わせたり、見直したりすることで、価値語のような「良質な言葉」として、子どもたちの言葉の中に、蓄積させていくという意図もあります。
『これから、先生は君たちがさらにＡの道へ全員で行けるように、これからもたくさんの言葉を話します。その中で、自分が気に入ったというものは、すぐ見える場所に書いておくとよいでしょう』
「なるほど。そうだけど・・・どこに書けばいいの？」
『成長ノートの表紙や裏表紙に書いていけばいいのです』
「えぇ。そんなことしていいの」
『いいのです。大切な言葉は、どんどん書き込んで、自分だけのオリジナルの成長ノートを作っていきましょう』
「はいっ」

このような活動は、朝の5分間でもできます。掃除時間終了の5分間でもできます。学活や道徳などの始めの5分間でも十分時間としては取ることができます。

　子どもたちに伝えたい言葉を教師自身が蓄えておき、折をみて伝えたり、教えたりするとよいようです。

　表紙や裏表紙における価値語の書き方はその子らしさが出てきます。どの言葉を選んで、どのような字の大きさや字体で書くか。次第に増えていく表紙の価値語を見ていくのも、「成長ノート」の楽しみの一つといえます。写す活動をすることで、ノートそのものを大切にする気持ちも育っていきます。

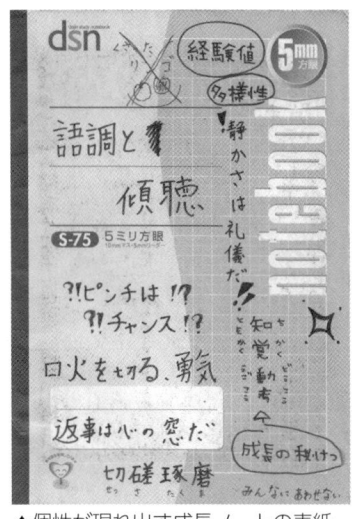

▲個性が現れ出す成長ノートの表紙

2．感想は、「3つあります」で書かせる

「成長ノート」は自分の気持ちや考えを書くノートです。

　感想を書かせるときは、『「感想は3つあります」で書き始めなさい』と指示します。このような書かせ方をすると、文章にまとまりがでます。子どもたち自身の思考もまとまりをもつことができ、だらだらとした文章にならずにすみます。

「3つあります」で書かせることは、子どもたちの思考の整理にとっても、よいようです。

　私は、道徳の授業では必ず活用しています。そもそも、道徳の授業ではノートそのものがありませんから、感想をプリントに書かせたとしても、後で読み返すことができません。成長ノートに感想を書かせることは、後で読み返すことができるというメリットがあります。2次活用がしやすいという面もあります。

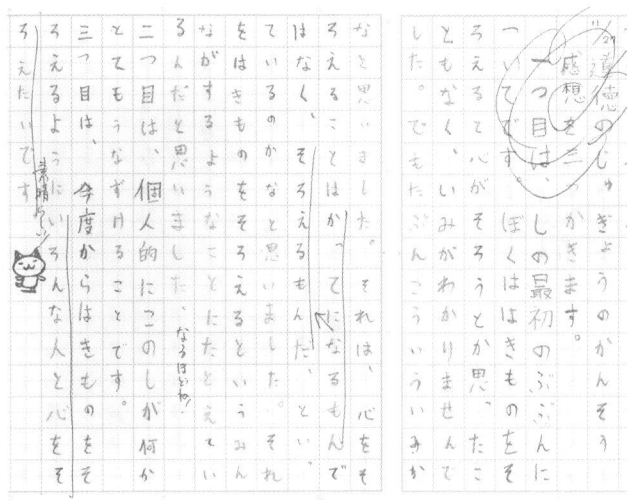

▲「3つあります」の感想文

3．行事の前、行事の最中、行事の後での気持ちや考えを書かせる
　行事を成長のチャンスととらえています。行事には小さなものから大きなものまで様々あります。

▲運動会前のノート

・学級だけで取り組む学習参観、ミニ集会
・学校を挙げて取り組む運動会、学習発表会
・学年だけで取り組む宿泊体験

　どの行事も、子どもたちにとっては非日常を体験する大切なチャンスです。それぞれの行事を大切にしていきたいと考え、成長ノートを活用します。

　行事の事前指導として、行事を通してつく力を考えます。一人で考えて、「成長ノート」に書きます。決意文のようになる場合が多いです。書いた文は友達同士で読みあいます。読みあった後、さらにつけ加えなどがあれば書き足すようにさせます。このようにして、どの行事に対しても、成長のチャンスがあることを意識づけると、行事がより価値の高いものとなります。そして、「成長ノート」に書いておくことで、行事に対する意識を高め、意欲を継続させることにつながっていくと考えます。

　行事の最中は、例えば運動会の練習中であれば、決意文を読み返すことで、初心を思い出させるようにします。また、後、何日だということを告げることで、新たな決意をさせるようにします。行事後は、感想を書かせ振り返りの時間にします。時間は１５分程とります。じっくりと振り返ることができるようにしていきます。

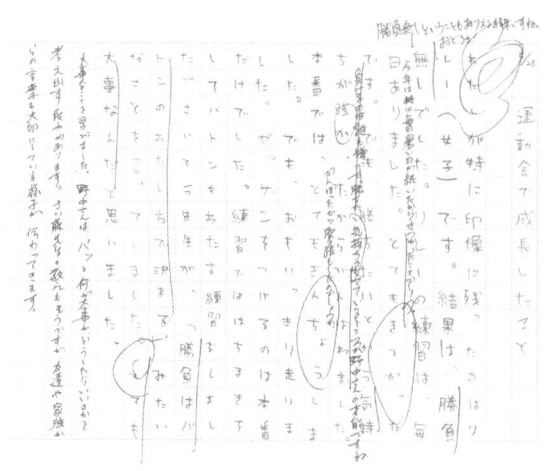

▲運動会後のノート

考察

　成長ノートは子どもと教師をつなぐパイプのようなものになります。

　2学期の後半になると、書く分量が急変してくる子どもが出てきます。自分の感じたことを書き出せるようになってきたからでしょう。それは、そのように自分を出せる安心した関係が教師との間にできてきたからだとも言えます。

　1学期の初めは、教師側からのコメントが大切になると考えます。この時期は、子どもたちは何をどのように書いてよいかわかりませんし、文章の書き方も身についていないと考えています。緩やかな成長を楽しみながら、子どもたちとのやりとりを楽しむ感覚がよいと思います。継続して書かせる中で、必ず子どもたちの書く内容の質が上がってきます。

　成長ノートを中心として、言葉を豊かにしていった子どもたちは、友達とのコミュニケーションを安心して行うことができるようになっていきました。成長ノートを通して、自分を見つめることができるようになった子どもは、少しずつ友達とのコミュニケーションを楽しんで行うようになっていきました。その結果自分に自信がもてるようになり、安心した学校生活を送るようになっていきました。

　また、驚いたことに、自分から進んで言葉を吸収しようとし始めます。何か新しい言葉はないかと探したり、何か新しい言葉を教えてもらいたいと言ったりする子どもも現れました。

　これからも、私自身が子どもたちと共に、価値語である「良質な言葉」を高めていくことに努め、「極上の言葉」を子どもたちに与えることができるようになればと思っています。

3－2　いつでも、どこでも、「読書」をしよう

❏「読書指導」のねらい

　読書をすることの効果は様々あります。集中力がつく、語彙量が増える、文章の構成力がつくなどもその一つでしょう。

　菊池先生は「静寂を創る」ことと、『課題図書』を読ませることで読書の幅を広げる」ことを大切にされています。

▲読書後に好きな文章を書き出しています。

「静寂を創る」ことで、子どもたちの集中力が増していきます。ものごとを考えるときは静寂を創りだすことが当たり前になっていきます。『課題図書』を出すことは、様々なものの考え方や知識に触れさせていくためです。子どもたちに借りる本を自由に選ばせると、自分に興味のあるジャンルの本に偏っていることが多いです。そこで、教師から『課題図書』として、読むジャンルを設定します。考えの幅に広がりを持たせるためにも有効な手段です。

❏ 読書指導のコツ

・「いつでも」読書をすることです。朝の１０分間でも、国語の１０分間でも、ドリル学習が終わった後の２分間でも、本を手に取れるように教師が声をかける事が続けていくときの大切なコツだといえます。
・「どこでも」本がそばにあることも重要です。２冊借りて家用と学校用にします。

❏ 指導のポイント
ポイント１．多読を意識させよう

図書室で借りる本は常に２冊以上。
　これを毎週行います。つまり、目標が一週間で２冊以上は読むことになります。１年間で１００冊を目指すのであれば、２冊では少し足りない量です。ですから、２冊以上を借りるようにさせます。ときには、読書の時間以外の朝の時間や、昼休みの時間などに借りに行かせたり、返しに行かせたりすることもあるでしょう。学校によって事情が異なりますので、あくまでの目安と考えるとよいでしょう。
　菊池先生の学級でもされているのですが、１冊は学校の机の上にいつでも置いておきます。もう１冊は自宅で読むようにするのです。そうすることで、いつでも読書ができる環境が整います。図書室で借りることが難しい場合は、地域の図書館から借りてくることもよいかもしれません。学級用として、クラスの人数分借りてくることはよいことでしょう。担任教師が、国語主任の先生や司書の先生方と一緒に選びに行くのも楽しい活動のひとつになります。

ポイント２．朝や、国語の授業の１０分間を読書の時間に当てる

　一日の中に、「静寂」を創り出す時間を大切にしたいものです。菊池先生の学級では「静」と「動」のメリハリがあります。切り替えがすばやくできます。それは、「静寂」の時が集中力を創り出すという経験をしているからだと、私は考えます。そこで、「静寂」を創り出す工夫を一日の中で必ず設けるようにしました。
　読書は大切だと分かっていても、いつさせるかとなると、なかなか時間の確保が難しいです。朝の１０分間読書を、学校全体で行っているところもあると思います。朝の１０分間読書は非常によい時間です。

朝の１０分間読書ができない場合は、国語の時間の１０分間を読書に当てることにしています。そうすることで、毎日必ず１０分間は読書をするという習慣が、次第に子どもたちの身についていきます。

ポイント３．本と名文を、友達に紹介する

　時には自分が読んでいる本を、友達に紹介する活動をします。自分が読んでいる本の、好きな文を名文として書き出し、１分間程度で隣の席の友達に紹介します。「名文コレクション」という活動です。
『隣の友達とじゃんけんをしましょう。勝った人から、自分が書き出した名文を紹介します』
「じゃんけんぽん」
『よろしくお願いしますと言って始めましょうね』
「よろしくお願いします」
　自分の選んだ名文を紹介するときに、本をもって紹介すると、具体的で分かりやすくなるようです。また、その名文の前後の内容を要約して紹介できるようになると、話し方のレベルもさらに上げることができます。
　一人１分、隣同士で２分間の

▲名文を紹介し、友達と交流する。

紹介の時間ですが、子どもたちは紹介された本を交換して読みあうなど、楽しみます。
　子どもたちがコミュニケーションを取りながら紹介できることが大切だと考えます。

ポイント４．課題図書で友達と音読や感想交流をする

　時には、教師が選んだ本を課題図書として子どもたちに読ませることもよいようです。菊池先生は時折、課題図書として、ジャンルや作品を

決めて子どもたちが様々な本にふれるようにされています。様々なジャンルの文章にふれることで、豊富な言葉を得ることにつながるからでしょう。

```
課題図書
低学年
・『おーいぽんた』谷川俊太郎他　福音館書店
・『言葉図鑑』五味太郎　偕成社
・『日本の昔話』　福音館書店
中学年
・『ガツンと一発シリーズ』齋藤孝　PHP研究所
・『ファーブル昆虫記』　集英社
・『エルマーの冒険』　福音館書店
高学年
・『銀河鉄道の夜』宮沢賢治　新潮文庫
・『吾輩は猫である』夏目漱石　講談社青い鳥文庫
・『きみの友だち』重松清　新潮文庫
※上の図書は参考例です。時期や学級の実態に合わせていきます。
```

　短い詩や俳句であれば、全員分を印刷して読ませます。何編かを選んでおき、プリントにして配布します。その中から、自分が好きな名文を書き出し、成長ノートに書きとめます。
『今日は先生が選んだ詩をプリントにしました。配布します。その中から、名文コレクションを行います』
「詩かぁ。どんな詩かなぁ」
『短い詩ですから、まずはみんなで音読してみましょう』
　スラスラ音読やなりきり音読（『魔法の「音読ネタ」５０』研究集団ことのは著明治図書出版）などで、声に出すのが楽しい詩を選ぶと活動が活発になります。
『それでは、名文コレクションを行います。３分です。では始めなさい』
　３作品くらいだと、１作品１分間で再読でき、２分間で書き出すといった具合になります。３作品くらいがちょうどよいと考えます。
『３分たちました。やめましょう。自分が選んだ詩を、先程のように相手に音読しなさい。そして、その後に、名文として選んだ文章を紹介しなさい』
　子どもたちは、選んだ詩を楽しみながら音読し、選んだ文章を紹介し

合いました。

【子どもたちが選び楽しんだ詩】

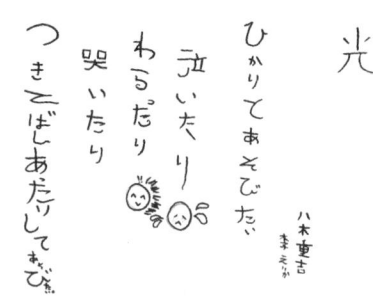

光

ひかりてあそびたり
泣いたり
わらったり
哭いたり
つきこばしあたりしてあそび

八木重吉
まえがき

土

蟻が
蝶の羽をひらいて行く
ああ、
ヨットのやうだ

三好 達治
吉村 美海

▲お気に入りの詩に、一文つけ加えて、詩を合作にして味わいました。

考察

「いつでも読書」をしていくことで、子どもたちは読書に慣れていきます。読む本は、最初は何でもよいのです。子ども一人ひとりが興味のある本を選ぶのがよいようです。本を読むこと自体に価値を置くことが初期では重要です。次第に課題図書などで読む本のジャンルを増やし、子どもの読書の幅を広げていくイメージを教師がもっていればよいでしょう。

また、友達同士の感想交流も読書の幅を広げていくときに重要だと考えられます。同じような本を選んでいた場合、考え方の違いを得たり、共感し合ったりするこの活動は、子ども同士の刺激になります。違う本を選んでいる場合はなおさらです。

今の子どもたちは、自尊感情が低いと言われています。自尊感情が低いと、毎日の生活に不安が生まれます。不安のままで過ごす一日は、子どもたちにとって、苦しいものとなっています。原因のひとつに、語彙の不足を感じていました。自分の感情を言葉で表すことができない。そうなってしまうと、攻撃的な言葉になってしまったり、逆に何も言わずに耐えて苦しんだりしてしまいます。読書指導を通して得た、価値語としての「良質な言葉」が子どもたちの自尊感情を高める一助になると考えます。

3－3 「辞書引き」で、圧倒的な語彙量を目指そう

❏「辞書引き」のねらい

「すごいです」や「いいと思います」の一言だけで感情を表すことに慣れてしまっている子どもがいます。「こんな感じ」や「あんな風」など具体性に欠けた言葉でコミュニケーションをとっている子どももいます。

　親しい間柄や休み時間だとそれでもよいのですが、あまり親しくない他者とのコミュニケーションや「公」の場である授業中だとこのような抽象的な言葉は適していないと思われます。

「公」の場に適した言葉が使えるようにするために、辞書引きをして、語彙を増やすことが辞書引きのねらいです。辞書はどの教科や領域でも活用することができます。国語だけでなく、算数でも、社会や理科でも辞書は活用できます。「いつでも」「どこでも」引けるようにさせます。

▲辞書引きで言葉を増やす

　菊池先生は、子どもたちの行動と言葉がセットになるように、常にチャンスをねらっています。言葉だけでなく、それが行動と結びつくように心がけているのです。

　語彙を増やすことで、発言内容にも広がりが出てきます。一日に何度も辞書引きをすることが、言葉を増やすために大切だと考えます。辞書を引くことに慣れていない子どもは、初めは面倒くさがります。しかし、次第に慣れてくることで、辞書を引くことが当たり前になっていきます。

　辞書で引いた言葉をノートに書き留めておくことは、「良質な言葉」の表現をまねすることにもつながります。

　また、ゲーム感覚で友達と調べた言葉を読み合ったり、書き合ったりすることで辞書を中心とした友達との交流にもつながっていきます。

指導のコツ

　コツとしては、「国語の時間に１回は引かせる」とまずは決めておきます。そのうち、「算数でも引かせてみよう」と国語以外の教科でも引かせます。辞書引きに関する意外性をもたせることで、「先生がいつ引かせるかわからないぞ」と思わせることがよいでしょう。音楽でも歌詞の意味を考えるときに引かせることができます。歌詞の意味を理解することは、合唱では特に重要になっていきます。

指導のポイント

ポイント１．辞書は手元に置いておき、制限時間以内に引かせる

　語彙量を増やすためには、「いつでも」「どこでも」素早く制限時間内に辞書引きをすることが大切です。そのため、辞書は常に机の上に置いておかせます。

　特に辞書の引き方を習う初期の段階では、時間をかけて、正しく辞書を引けるようにさせることが辞書

▲辞書は常に机の上に置いておく

引きの基礎となります。常に辞書を机の上においておき、何度も繰り返して引かせます。確実に引けるように基礎を身につけさせてから、教師が制限時間を指定して引かせるようにします。

『今日は『千年の釘にいどむ』の学習を行います。まずは「釘」という言葉を調べなさい。時間は３０秒以内です』

　子どもたちは一斉に「釘」を調べ始めました。

「はい！見つけました」

「僕も見つけた！」

　一見、当たり前でわかっているような言葉でも、辞書にはどのように

書かれているか引かせて、確認させます。正確に言葉で説明できるようにしていきます。
　できるようになってきたら、次第に時間を短くしていきます。
　初めは、５０秒くらいかけます。早くなると１０秒以内でも引くことができるような子どもも出てきます。

ポイント２．子どもの会話や、発表した言葉から引かせる
　時には、子どもがつぶやく「良質な言葉」があります。価値語に結びつけることのできる貴重なチャンスです。特に、ほめ言葉のシャワーの時間は多いです。
「□□君は、低学年の子が泣いていたら、「どうしたの」と声をかけていました。□□くんの善意ある行動が素敵でした」
と、女の子がほめ言葉のシャワーで言いました。そのようなときは、辞書引きのよい機会です。
『○○さん。すごいですね。よく「善意」という言葉を知っていましたね。○○さんが言った、「善意」という言葉を引いてみましょう』
と言って、「善意」という言葉が出たこと自体をほめ、その言葉の意味を辞書で引かせます。子どもから出た言葉は、生活と結びつけやすいです。意味を明確にすることで、行動と言葉が密接に結びつきます。

ポイント３．四字熟語や慣用句を、生活と結びつけて引かせる
　四字熟語や慣用句は子どもたちが喜ぶ言葉の一つです。少し難しい言葉を知っていることで、知的な好奇心が刺激されるからでしょう。実際には、その日の様子や子どもたちの状態を捉えて引かせます。
『先週は寒い日が続いたけれど、今週は暖かい日が続いているね。「三寒四温」と引いてごらん』
『風邪で休む人が増えてきましたね。寝るときは、「頭寒足熱」で寝るといいようです。「頭寒足熱」を引いてみましょう』
『算数のこの問題は、「さじを投げ」たくなるでしょう。「さじを投げる」

と辞書で引いてから、問題を解きなさい』
『今日の給食はカレーライスですね。○○君は確かカレーライスに目がなかったですね。「目がない」を引いてみましょう』
「いつでも」、「どこでも」機会を捉えて引かせます。実際に教師が使ってみせることで、子どもたちは、活用場面を理解することができます。教師が、一日一回は四字熟語や慣用句を使い、辞書引きをさせるとよいでしょう。

ポイント４．ゲームを通して辞書に慣れさせる

　辞書に興味を持たせるために、辞書で遊ぶ時間を設けます。「辞書引きリレー」や「言葉当てクイズ」などをします。
「辞書引きリレー」は、引いた言葉の意味の文から、自分の興味のある言葉を選び、さらに辞書を引いていくというものです。
『「釘」から辞書引きリレーを始めなさい』
と、最初の言葉を指定します。
「「一端をとがらせた金属や竹・木などの細い棒」と書いていました」
「「金属」を引いてみよう」
と辞書に書かれている意味から、次に引く言葉を子どもたち自身で決めさせて引かせます。慣れてきたら、『１分間で３つ以上つなぎなさい』などと制限を設けると白熱します。

「言葉当てクイズ」は、辞書に書かれている意味を言って、その言葉を当てるクイズです。
『体は頭胸部と腹部とからなり、足は８つある虫です。答えを予想して、辞書で引きましょう』
「クモじゃないかなぁ」などと言って、辞書で調べ始めます。

▲グループで問題を考えよう

辞書で遊ぶことで、辞書のある生活をさらに楽しむことができます。

❏ 考察

語彙量を増やすためには、辞書引きは大切な活動です。

いつでも辞書引きができるように、辞書は机の上や引き出しの中、ブックバッグの中に入れて机の横にかけておくなど、すぐに手にできる場所においておくことが大切です。そして、教師がどの教科でも辞書引きをするように指示をすることもさらに大切なことです。

わからない言葉が出てくると、自分から辞書引きをすることが習慣になり、言葉に興味を持ち出すようになってきます。初めのうちはひとつの言葉を引くことだけでも時間がかかります。ゆっくりと時間をかけていきます。そのうちに、教師が「辞書を引きなさい」と指示を出さなくても、「先生が言いそうだぞ」と子どもの方が考えるようになっていきます。そうすると、自然と辞書は机の上や引き出しの中、机の横に常にある状態に近づいてきます。辞書の種類も、国語辞典から、四字熟語辞典、慣用句辞典などに幅が広がっていきます。

▲辞書は常に机の上にあります

言葉の量が増えることは、文章や発言内容も変わっていきます。

4月の頃は友達をほめる言葉が、「○○君はすごいです」だったのが、「○○君の元気溌剌な姿は周りの友達も笑顔にします」や、「○○君の笑顔は、「怒れる拳笑顔に当たらず」で、怒っている人でさえ笑顔にしてしまうほど素敵です」といった言葉を使うようになっていきました。

いつでも辞書引きをするように教師が少し心がけておくとよいでしょう。

第5章
明日につながる「帰りの指導」
－「ほめ言葉のシャワー」

福岡県福岡市立多々良小学校
井上洋祐

コミュニケーションあふれる教室を作るために、ほめ合い、認め合う時間にします。

1 「帰りの指導」のねらい

　帰りの会は、また学校に来たくなるような、明日もまたがんばろうというような取り組みがよいと考えます。自分に自信を持つことができ、クラスのみんなと一緒で楽しいという一体感が感じられるとなおよいでしょう。

　ただなんとなく帰りの会を行ったとき、
・一日の終わりを先生の説教で終える。
・友達から友達への悪い行為の指摘で終える。
という終わり方をする場合が時々あります。教室は暗い雰囲気の状態になり、そのまま下校を迎えることになります。

　私たち菊池道場は、「ほめ言葉のシャワー」を学級経営の軸としてとらえています。帰りの会は「ほめ言葉のシャワー」のみです。連絡事項は、隙間時間にあらかじめやっておきます。

　また、一年間を通して以下のような子の成長を目指しています。

今、私は幸せな教室にいる
教室では、一人が悪い色の空気をつくり出すと
それが大きくなり、全体に広がる
以前は、黒一色が教室を支配していた
だが、今はオレンジでいっぱいだ
それも一人ひとり違う輝きを出している
すべて暖かい「公」の色だ
これからも自分を大切にして、「公」の道を行こう
輝いた自分の色で成長していこう
　　　　　　　　　　　　　　六年一組　川井陽菜子
(菊池省三　関原美和子 2012『菊池先生の「ことばシャワー」の軌跡』講談社)

2「帰りの指導」の概略

> ホップ

2013年5月　1年間菊池道場で勉強し、満を持して初めての**ほめ言葉のシャワー**を始めた。1巡目の初日の様子。

> ステップ1

2013年9月　2巡目の様子。おしゃべりなどが目立つようになる。子どもたちの成長のために、試行錯誤しながら様々な手立てをうつ。

ステップ2

2013年12月　3巡目の最後の**ほめ言葉のシャワー**。この日は2学期の終業式でもある。おしゃべりは減りだした。クラスには変化が見られた。

ジャンプ

2013年10月　菊池学級の3巡目の**ほめ言葉のシャワー**。主役とほめる子が感謝の抱擁をしている。全員が正対し、温かい雰囲気にあふれる。

3－1 「ほめ言葉のシャワー（1巡目）」－ホップ

🗹 「ほめ言葉のシャワー（1巡目）－ホップ」のねらい

　ほめ言葉のシャワーの実践は、（株）日本標準より「一人ひとりが輝くほめ言葉のシャワー1・2」（以下「ほめ言葉1・2」）と2巻出版されています。今回は、改めてその指導の流れを確認するとともに、さらに細かい指導について述べていきます。

　ほめ言葉のシャワー（1巡目）を「ホップ」と位置づけます。指導の入り口ですから、教師も、子どもたちも気負うことなく取り組みましょう。その目的は、「やってみる」ことです。ただし、本番を迎える前に「準備」はとても大切です。

　キーワードは、「他人に心を向ける、向けてもらう」

🗹 指導のポイント

　教師が理解しておきたいことを《準備》として4つ挙げます。《準備1》は「手順」です。場合によっては、「手順」を読んで実際に始めながら《準備2～4》をあとから指導していってもかまいません。

■《準備1》手順

＜「ほめ言葉のシャワー」の具体的な手順＞
『一人ひとりのよいところを見つけ合い伝え合う活動』
〇年間4回（4巡）程度行う
〇毎日の帰りの会で行う
①毎回日めくりカレンダーを各自1枚ずつ描く
②その日のカレンダーを描いた子どもが教室の教壇に出る
③残りの子どもと教師がその子のよいところを発表する
④発表は自由起立発表でシャワーのように行う
⑤全員の発表が終わったら前に出ていた子どもがお礼のスピーチを行う
⑥最後に教師がコメントを述べる
（菊池省三編 2012「小学校発！一人ひとりが輝くほめ言葉のシャワー」日本標準）

■《準備２》意義・価値の説明

T「クラスの全員からほめられると、ほめられた人はどんな気持ちになるだろう」
C「『自信』が持てるようになると思います」

　このような発問から、ほめ言葉のシャワーの意義・価値を子どもたちに考えさせます。
T「一人ひとりが毎日順番に全員からほめられると

| 30人（ほめられる人）×29人（ほめる人）＝870 | （30人学級の場合）

870個のほめ言葉が教室にあふれます。それを一年間に４回行うと

| 870個×4回＝3480 |

3480個のほめ言葉が教室にあふれます。このような教室はどんな教室になるとおもいますか」
C「温かい教室」「やさしい教室」…

T「そうだね。温かくて、やさしい教室になります。そのような教室はみんなが自分を認めてくれる『安心感』がありますね」
（以上「自信と安心感」の価値の説明）

　菊池先生は著書の中で、準備として必要なことは、

| ○意義・価値の説明
　○基本的な活動のやり方の説明 |

の二つを挙げています。また、「意義・価値の説明」に関しては以下のように述べています。

> <意義・価値の説明>
> 子どもたちの成長を信じて、真剣に話します。この活動によって、一人ひとりに『自信』が生まれ、学級全体に『安心感』が広がっていくことを話します。主な内容は以下のとおりです。
> ・言葉でつながることの重要性
> ・ほめ合い認め合うことの大切さ
> ・「群れ」と「集団」の違い
>
> (同書)

◎「言葉でつながることの重要性」とは、どんなことでしょうか。説明する教師は、しっかりと理解しておく必要があります。

> 「言葉でつながる」とは、自分の気持ちを言葉にして正しく伝えること、また、相手を尊重し、正しく言葉を受け止めること。さらに、それらを通してお互いを理解し合うということ。

以上のように考えます。

◎「ほめ合い認め合うことの大切さ」については、

> 自信をもつことにつながり、教室に安心感をもたらす

> クラスの仲間全員からほめられる、認められることによって、これまで話したことのない子とつながることができる

◎「群れ」と「集団」について

> 「群れ」とは自分勝手でわがままな野生の集まり

> 「集団」とは公を大切にする人間として高め合う集まり

子どもたちに「群れ」から、「集団」になることへ意欲形成をします。「群れ」と「集団」のどちらが成長する集まりなのか、そして自分はどちらの集まりにいたいのか尋ね、挙手で全員の意思を「集団」へと導きます。多少強引でもかまいません。

　これらの３つの意義・価値を教師が理解し、子どもたちとの対話の中で確認していきます。

■《準備３》ほめ方の説明

　　事実 ＋ 価値づけ

◎「事実」について
　事実はできるだけ、具体的に言うように指導していきます。
　市毛式生活作文の市毛勝雄氏は、具体例を詳しく書くために必要なこととして以下のように述べています。

> ①人名・地名・品物の名称などの名詞、固有名詞は必ず書く。
> ②月日・時刻・値段・個数・広さ・大きさなどの数字をできるだけ書く。
> ③感情・判断などの形容詞をできるだけ使わない。（うれしい・くだらない・おもしろい・うるさい等）
> ④事実だけを書き、予想・推定・希望などは書かない。（「…と思う」という語句を使わない。
> 大森修編著（1994）『市毛式生活作文＆山田式感想文の技術』明治図書

　今回の実践は、作文ではありませんが具体的なほめ言葉にするための参考資料として掲載しておきます。

◎「価値づけ」について
　価値づけるとはいかなるものか。初めの頃の私はいまいちピンときていないところがありましたが、最近は以下の４つがあることがわかってきました。

①公のためになっているという表現

> 「みんなの役に立っている」
> 「自分もまねしたい（自分の成長につながった）」
> 「クラスが明るくなった」
> 「〇〇さんが、元気になった」
> 「教室がきれいになった」など

②四字熟語、ことわざ、比喩表現などを使う表現

> （四字熟語）
> 　虚心坦懐な人・不撓不屈な人・率先垂範ができる人など
> （ことわざ）
> 　「情けは人の為ならず」がわかって、行動できる人など
> （比喩表現）
> 　太陽のような人など

③時系列にみて、変化をつなぐ表現

> ・過去→現在
> 例）「１学期は〇〇ができなかったが、今はできるようになった」
> ・現在→未来
> 例）「〇〇している姿から、将来きっと〇〇な人になると思う」
> ・過去→現在→未来
> 例）１学期は〇〇できなかったが、今はできるようになり、将来は
> 　　〇〇な人になるだろう」

④道徳の内容を使った表現

　以下の内容を教えておいて、価値づけに使わせる。これは筆者追加の新しい提案です。

学習指導要領　第3章道徳　第2内容
〔第5学年及び第6学年〕（抜粋）
- **主として自分自身に関すること**
(1)　生活習慣の大切さを知り、自分の生活を見直し、節度を守り節制に心掛ける。
(2)　より高い目標を立て、希望と勇気をもってくじけないで努力する。
(3)　自由を大切にし、自律的で責任のある行動をする。
(4)　誠実に、明るい心で楽しく生活する。
(5)　真理を大切にし、進んで新しいものを求め、工夫して生活をよりよくする。
(6)　自分の特徴を知って、悪い所を改めよい所を積極的に伸ばす。

- **主として他の人とのかかわりに関すること**
(1)　時と場をわきまえて、礼儀正しく真心をもって接する。
　　（以下略）
- **主として自然や崇高なものとのかかわりに関すること**
(1)　生命がかけがえのないものであることを知り、自他の生命を尊重する。
　　（以下略）
- **主として集団や社会とのかかわりに関すること**
(1)　公徳心をもって法やきまりを守り、自他の権利を大切にし進んで義務を果たす。
　　（以下略）

これらの４つの例を、あらかじめ用意しておきます。最初は①だけ教えておいて、徐々に増やしていってもよいでしょう。

■《準備４》ほめられる子のコメントの仕方

　全員のほめ言葉が終わると、主役はお礼のコメントをみんなに言います。「３つありますスピーチ」（ほめ言葉１参照）で話します。
　「私がいちばん印象に残ったものは３つあります。１つ目は〜。２つ目は〜。３つ目は〜。」という表現の仕方です。

■指導の実際

　とりあえずやってみよう。それが、初めてのほめ言葉のシャワーの取り掛かりの動機でした。
　教えたのは、日めくりカレンダーの作り方。ネット上で画像検索すると、ほめ言葉の日めくりカレンダーがヒットしたので、それを黒板のスクリーンに映しながら、描かせました。
　また、事実＋価値語を自分なりに説明しました。自由起立発表も説明しました。

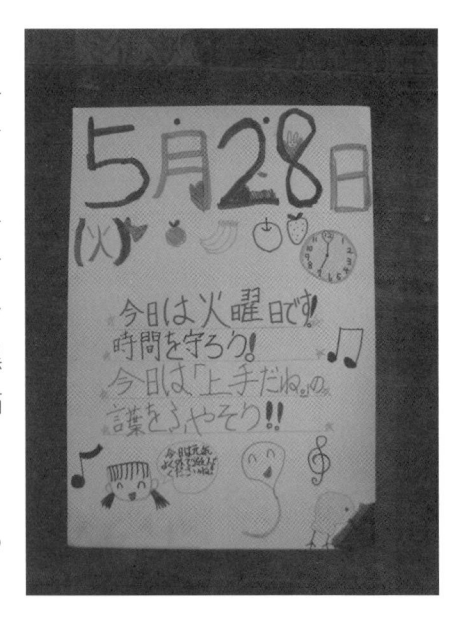

　その日最後の授業終了後、すかさず今日の主役が前にでます。その他の子たちは拍手をします。子どもたちは積極的です。拍手の中、主役は黒板の前に立ちます。

　最初に言いたい人は、一斉に立ちます。おおよそ10人ぐらいが立ち

ます。廊下側の人から順に言っていきます。

「○○くんは、いつも外で元気よく遊んでいてとてもいいと思いました」
「○○くんは、いつも笑顔で素晴らしいと思いました」
「廊下にならぶときに誰とも話さないで、一人が美しいができていました。ぼくもまねしたいです」
…
主役「みなさん、ありがとうございました。」
全員拍手
先生「きちんと正対できている人がいましたね。相手を大切にしようとする気持ちを持っている人たちです。すばらしいですね。△△くんは、『一人が美しい』という価値語を使うことができました。ほめ言葉が進化しています。とてもよかったです」

◎もし言えない子がいたら
　１巡目の第一回目は、一人立ったままずっと言えない女の子がいました。かなり待ちました。「ここは、ぜひ達成感を味わってほしい」という願い

▲初めてのほめ言葉が言えない子にこっそりアドバイスをあげる姿も見られました。

からです。

　待っている子どもたちが、いよいよそわそわしだしてきました。それでも待ちましたが、結局介入しました。

　原則は全員でほめることですが、ここでより大事なことは、子どもに失敗感を与えないということと、一年間を通してクラスでほめ合う活動をやり続けることが目標ということです。一度言えなかったとしても、年間を通したらただの一度です。温かく「先生が変わりに言うね」や「次回に言えるといいね」と言ってあげましょう。

　温かいクラスの雰囲気ができていると、言えなかった子が言えた時、クラスから自然と拍手が生まれます。もちろん、拍手をした全員をほめます。

◎自由起立発表ができない（「ほめ言葉2」に詳しく書かれています）

　低学年になればなるほど、自由起立発表の難しさを耳にします。自己中心性が残るほど、譲れません。言い換えれば高学年になるほど、譲れるようにならなければなりません。

　ほめ言葉のシャワーは原則、自由起立発表ですが、これも一年間を通してできるようになればよいのです。具体的には、始めは列指名でよいのです。

　菊池先生ほどの達人になれば、一巡目を始める前に、練習して定着させておきます。

◎ほめ言葉が漠然としている

　ほめ言葉が漠然としていることがあります。ただ、「元気」「明るい」というものです。原因は2つ考えられます。

　①ほめる視点がない
　②ほめる言葉をもっていない

　①は、なにが良いことなのかということを、これまであまり考えることがなかった子どもです。ただなんとなく生活していると、ありそうな

ことです。
「細部にこだわる」という価値語を菊池先生は子どもたちに教えます。細かい部分への観察力を教師が模範となって示し、小さな行動に見られるよさをほめ言葉として全体に伝えます。子どもたちの発言の中に細部にこだわる力を見つけた時、ほめて子どもたちに広めます。

　②は、ただなんとなく「いいな」と子どもたちが気づいたとき、それをどのように言葉にしたらよいのかわからない子どもです。これも、①同様、教師が模範となって日ごろから言葉にして伝え、子どもたちに浸透させていきます。

　①や②の困難を抱えている子どもたちは、ほめ言葉のシャワーに対して消極的になりがちです。このことは、ほめ言葉のマンネリ化にもつながります。聞き覚えのあるほめ言葉が続く状態です。

　マンネリほめ言葉のシャワーは、成長のない「停滞している」状態に見え、ほめ言葉のシャワーの意義・価値を教師が見失いがちです。つまり、「もうやめようか」となります。子どもたちの言葉や行動に焦ることが多いホップの時期ですが、ねばり強く取り組みましょう。

　漠然としたほめ言葉の問題は、いわば教師の力が試されるところです。子どもたちに原因を探すと、行きつくのは「教師のほめる力」にたどり着くのだと気づきました。

　菊池先生は以下のように述べています。

> 　まずは、教師がほめることです。1年間を通じて、子どもの良さを取り上げほめ続けるのです。子どもたちに、「ほめられた」という体験をさせるのです。どんな子どもでも、「やる気」を出し始めます。当たり前にうれしいからです。このことは、大人も子どもも同じです。
> 　また、それによって子どもたちは、『何を』『どうほめればよいのか』も、少しずつ分かってきます。つまり、『ほめるべきこと』『どのような言葉でほめればいいのか』が分かってくるのです。
> 「小学校発！一人ひとりが輝く　ほめ言葉のシャワー」日本標準 p.14)

◎お礼のスピーチがお粗末

　私の指導が行き届かなったこともありますが、3つありますスピーチはほとんどできていませんでした。このことについては、ステップの項で述べていきます。

◎教師のコメントについて

　前述のように、教師のコメントはよいほめ言葉を取り上げ、伝えるようにしていきます。

考察

　ここまで述べてきたことは、「ほめ言葉のシャワー」という実践の枠組みやルールです。いわば器です。その器の中で実際に活動する子どもたちの感想に目を通すと意外なことに驚きます。

> ほめ言葉をいちばん最初にしたときは、話したことがない人がたくさんいて、言いにくい人がいました。

　クラスの子どもたちの横の関係は、教師が介入しないとネットワークが広がらないのが現状です。例えば、朝から帰りまでの間に言葉を交わす友達は2～3人ということもあります。ほめ言葉のシャワーはその点にテコ入れする手だてでもありました。

> ほめ言葉をやる前は，話もしなかった友達とほめ言葉のあとは少しずつ会話をするようになりました。

> 言われた後のときは，そんなにしゃべらない人も良いことをいってくれるので，もっとあそんだりしたら，友達になれるかもという気持ちが多々ありました。

　ほめ言葉のシャワーによって、必ず一度は言葉をかけられます。そのことがきっかけで、「友達になれそうな気がする」という感想を抱く子が

現れます。

> しゅっせい番号が3ばんではやいほうだから手をあげてくれる人少ないかなぁと思っていたけど思っていたよりタタくて元気とかたいわれ、てて明るいとかたくさんの言葉を言ってくれてうれしいしちょっとはずかしいです。だから自分が言われてうれしくなる言葉を友だちにいっぱいたくさん言ってあげたいしいわれたい あと そのときおしりがいたくてそれをみんなが「おしりがいたいのにがんばってる」とかしんぱいみたいなのしてくれていてものすごくうれしい気持ちになりました いわれたあと ものすごいなんかうれしくて言葉とかにはずかしいから言えなかったけど本当にうれしかったです!!

　初めの頃は内容よりも、全員でほめ合う活動そのものに効果があります。
　「最初に言いたい人！！」との教師の掛け声に答えてたくさんの子どもたちが手をあげます。それだけでも主役（ほめられる子）はうれしいものです。主役の「私は全員からほめられるのだろうか、何を言われるのだろうか」という不安をよそに、子どもたちは「やりたい」「言いたい」一心で手が挙がります。
　また、「元気」「いつも笑顔」といった漠然としたほめ言葉さえ、次々とシャワーのように浴びせられるとこれまでに経験したことのない恥ずかしさの混じった高揚感を主役に与えるのです。

　最後に、「やってみよう」という気持ちで始めたほめ言葉のシャワーですが、一回のほめ言葉のシャワーだけで子どもたちの内面には大きな影響を与えたようです。内面の変化は、人と人の心理的な距離を短くし、他者とコミュニケーションをとることを促し、「これまで話したことがなかった人と話した」「新しく友達ができた」という効果を現しました。
　言葉で相手に良心を伝えることの大切さと、友達と言葉でつながることの心地よさに気づいていく児童の変容を知った1巡目でした。

3－2 「ほめ言葉のシャワー（2・3巡目）」－ステップ

☐ 「ほめ言葉のシャワー（2・3巡目）－ステップ」のねらい

1巡目のホップ【指導のポイント】で挙げた事柄で徹底できなかった部分を強化し、さらなる成長をめざします。

キーワードは、「表現内容の充実」

☐ 指導のポイント
■ 「ほめ言葉のシャワー」に対するモチベーションを上げる
◎その1

2学期。「ほめ言葉のシャワーをまた、やってみたいなと思いますが、みなさんどう思いますか」と尋ねました。1学期は教師主導で始めたことに対する反省からです。

「ほめ言葉1」では、菊池先生は以下のように述べています。

> 「ほめ言葉のシャワーを成功させる年間計画」
> 大まかな年間の見通しを立てておきます。思いつきの指導では、効果は期待できません。特に、1回目を成功させることが大事です。
> （傍線筆者）

子どもたち主体で始めないと、本当の意味でほめ言葉のシャワーは子どもたちのものとはいえないという強い自覚からでた言葉です。

ホップの項で述べたように、「やってみよう」という動機でも一定の効果がありました。また、やらないよりは絶対にやったほうが良いと思います。

「やりたいですか」と聞きながらも、不安はありました。1巡目の後半は、実は、ほめ言葉の最中におしゃべりが多かったり、正対できない子がいたりしたことから、「ほめ言葉のシャワーが進化しているのだろうか」という焦りが生じていました。つまり、子どもたちの中に、「相手や仲間を大切に思い、集団として成長しようとしているのか」ということです。

そこで、最中に介入して、強めの指導を入れることが多々ありました。子どもたちは怒られながらホップを終えたのではないかという自省からくる不安です。

　反応は、「やろう」というものでした。十分とは言えませんが、かろうじて、ステップの第一関門「自分たちから始める」という課題をクリアした形にはなりました。

　理想的には、ホップの準備期間にほめ言葉のシャワーに向けての気持ちと技術の準備をしておくのがよいでしょう。(詳しくはほめ言葉1参照)

◎その2

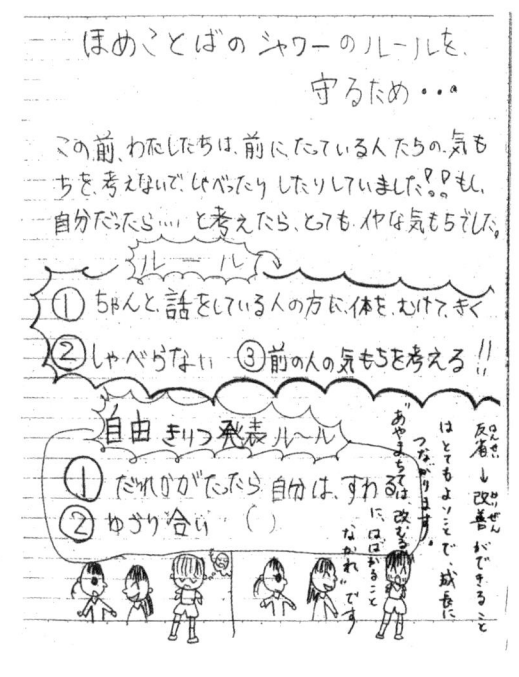

　自学ノートにほめ言葉のシャワーについての感想や、自分なりの考えを子どもが書いてくることがあります。それを印刷して子どもたちに配ります。その内容は、ほめ言葉のシャワーのよさや、友達のよさ、これからの課題などです。いずれにしてもほめ言葉のシャワーに対する関心の高さを表しているものなので、その内容や、関心の高さを横(子どもたち同士)に広げます。

　成長ノートは、上記の方法を教師側から意図的に仕組むことができます。こちらがその時に考えさせたいテーマを与えて、書かせるのです。全員のノートを集めて目を通し、これはというものを印刷して配ります。それを元に交流させましょう。

◎その3
「白い黒板」という実践があります。机の上に成長ノートを出させます。テーマを教師が決めます。それを黒板の中央に横書きします。
例)
・ほめ言葉のシャワーで成長したことは何か
・ほめ言葉のシャワーでクラスはどのように変わったか
・ほめ言葉のシャワーのよさは何か　など
　　次に、ノートに箇条書きで書かせます。
・「1つ書けたら、持ってきなさい」の場合
　書く力が弱いクラスの場合有効です。合格の場合は、黒板に書かせます。不合格の場合は、書き直しをさせます。できるだけ全員書くことができるように配慮します。
・「3つ書けたら、持ってきなさい」の場合
　書く力がある程度ある場合に有効です。ノートに書いてある3つの中から教師が一つ選んで、丸印をつけます。それを黒板に書かせます。黒板にすでに書いてあるものとできるだけ重ならないように選びます。
　黒板には握りこぶしぐらいの大きさの字で縦に書かせます。黒板が真っ白になるぐらい書かせます。
　黒板にクラス全員の考えが真っ白になるほど書かれている様子は、圧倒されるものがあります。その黒板を見ての感想を必ず交流しましょう。できるだけ時間をつくり、全員、感想を成長ノートに書かせます。書くことで考えが整理され、深まるからです。そして、発表させます。時間がない時は、やむを得ず列指名で発表させる場合もあります。

私と子どもたちにとって初めての「白い黒板」実践
ほめ言葉のシャワー２巡目（小４）テーマ「ほめ言葉のシャワーのよいところは何か」
一人１つ書いています。３つ書かせて持ってこさせました。実際は名前を書かせないでいくつも書かせ、黒板いっぱいにします。
◎人の良いところを見つけるから観察力が上がる
◎ほめ言葉をまとめる力が付く
◎みんながひとつになる
◎いいことを言うと友達になるかも
◎悪口が少なくなる
◎分かり合える
◎自由起立発表できる
◎みんな違うことをいうことができる
◎友達のいいところを言って教え合う
◎友達が好きになる
◎自分ではわからない良さをみんなが言ってくれて自分の良いところがわかる
◎みんながなかよくなる
◎相手が気持ちよく笑顔ができる
◎言われた相手を好きになる
◎ほめ言葉を言ってくれてうれしい
◎自分のいいところがわかる
◎みんな違うことを言う
◎自分の事がよく知れる
◎ほめ言葉を送って、うれしいと思うところがいい
◎みんなで牽制し合う
◎ほめられるとやる気が出る
◎自分が言われてうれしい
◎自分のいいところが分かった
◎相手の良いところが知れるところ
◎みんなが笑顔でいい
◎みんなが仲良くなれること
◎人のよいところがわかる
◎みんな、うれしくなる
◎発表がうまくなる
◎言われてうれしい言葉がふえる

※一部、漢字表記に変えています。

２回目の「白い黒板」実践
ほめ言葉のシャワー３巡目終わりごろ（小４）テーマ「３回目のほめ言葉のシャワーのよかったこと」
１つ書けたら持ってこさせました。
◎「元気でいいと思いました」が３回目はものすごく少なかったこと
◎ほめ言葉に理由を言えるようになった
◎いいねなどと言えるようになった
◎ほとんどの人がちがうことを言っているのがいいと思った
◎見つけるのが楽しくなったり、その友達を好きになる
◎さりげなくほめ言葉を言えるようになった
◎四字熟語と価値付けとかをみんな使っているのがいいと思った
◎家で練習するようになると具体的に言えるようになった
◎みんな一回目は「いつも元気でいいと思いました」ばっかり言ってるけど、今は具体的になっているのがいい
◎ダラダラしたりみんなとあまりしゃべらなくなった
◎自由起立発表がとても上手になったこと
◎「男女関係なく遊んでいるのがいいと思いました」と言えるようになった
◎ほめ言葉に自分らしさが出てきた
◎みんながほめ言葉を見つけることがうまくなった
◎１回目と比べてみんな世界に１つだけの自分が見つけたいいところが見つけられるようになってる
◎いわれるとうれしいかなぁなどととても考えるようになった
◎価値付けできるようになった
◎ほめ言葉の最初は、元気でいいだったけど、今は体育の時間に元気でいいといえるようになった
◎自分の気づかなかったほめ言葉が知れるようになった
◎３回目にみんな四字熟語を使うようになった
◎友達のいいとこをよく見て探すようになったからその人の事をしれて仲良くできる
◎みんなが静かにやっていた
◎３回目は価値語や四字熟語を使うようになった
◎みんなそれぞれ違うことをいうようになった
◎ざわざわしてたけど静かになった
◎発表がうまくなる
◎内容が詳しくなった
◎主役の人を大事にする勉強ができた
◎前より拍手が大きくなった
◎ただ「元気でいい」というだけなのがなくなった　　※一部漢字表記に変えています。

以上3つの取り組みを織り込んでいきます。これらの取り組みによって子どもたちのほめ言葉のシャワーに対する関心を高めます。関心を高めることで、ほめ言葉のシャワーに対するモチベーションが上がり、よりよいものになっていきます。
　限られた時間の中でこれらの取り組みをどれだけ織り込んでいくのかという「量」も大きな要素です。

■教師のつぶやきでほめ言葉のシャワーに集中させる

「なるほど」「いいね」「すごいな」など、菊池先生はほめ言葉の最中につぶやいています。教師が反応を示すとおのずと子どもたちも、気になるようです。おしゃべりが多い私のクラスには有効な手だてでした。

■お礼のコメントを充実させる

「たくさんのほめ言葉ありがとうございました」で終わっていたのが、ホップでした。「3つあります」は、日頃の授業中においては使えているのですが、照れ臭いのか定着していませんでした。そこで、菊池先生が実践していた黒板に正の字を書くことをまねしてみました。お礼のコメントを主役が言う時、さりげなく黒板のそばに立ち、1文ごとに正の字を書いていくのです。これは、すぐに効果を表しました。正の字が増えていくことに興味を持ち始め、それまでの記録が塗り替えられた瞬間、歓声と拍手が上がりました。それから全体の底上げができました。
　この技術は、菊池先生によると、ほめ言葉を具体的にするときにも有効だそうです。ほめる側が、時・場所・名前・数などを出すと正の字を加えていくのです。

■価値語を掲示する

　子どもたちの中に、何が公にとって良いことなのかという価値が初めはほとんどありません。そこで価値語の説明をし、価値語を掲示しておきます。

■時間を短縮する

　帰りが遅くなる学級を耳にします。できればそういった状態を避けたいところです。

　教師は、できるだけ時間を守るお手本になるべきだからです。また、子どもたちや保護者から不満が出ることもあるでしょう。周囲からの温かい理解を得るためにも下校時間を守りたいものです。

　そこで、時間短縮のアイデアですが、菊池先生は、ストップウォッチを一人の子どもに持たせてタイムを計らせています。正しくはその子どもが自分から計りだしたとのことです。一人２０秒がルールだそうです。ある先生のクラスは、ほめ言葉のシャワー係というのがあり、やはりタイムを計っているようです。

　時間を計ることで、時間のコスト意識が生まれるというヒントがここにあります。

　ちなみに、多くの学級では、おおよそ１５分から２０分と聞きます。２０人弱のクラスで７〜８分という数字も耳にしたことがあります。

■指導の実際

　ホップと違う点は、
①ほめ言葉を始める時に、椅子を少し下がらせて立ちやすくする。
　また、正対しやすいようにする。
②教師がほめ言葉に対してつぶやく。
③お礼の言葉の時に、黒板のそばにいって、正の字を書く。
の３点です。

□考察

　ほめ言葉のシャワーを軸として、子どもたち同士のコミュニケーションを促し、よりよい集団作りを目指

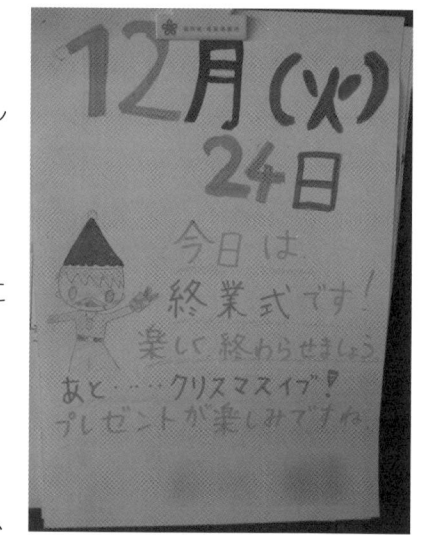

す中で、観察力は確かに上がり、言葉も増えてきました。その影響から学級にいくつかの変化が見られました。ほめ言葉のシャワーが学級の土台づくりに寄与しているということが考えられます。

■自然発生的に生まれた朝の黒板誕生日おめでとうメッセージ

　相手が喜ぶことをすることの良さが浸透し、それが表に出てきたものだと思います。とても温かいことでした。始めたのは、仲良し女子3人組でしたが、賛同する子が増えていきました。

■自然発生的に生まれた朝のゴミ拾いグループ

　これは、「自分らしさ」が表れたものととらえています。そもそも6年生が朝のボランティア活動とし行っていることです。それを見て、自分もやってみたいと考えたものだと考えています。実際にやってみる行動力と、友人を巻き込む力、よいことに同調する力が見て取れます。

　ちなみに、ゴミ拾いをしていることは、他の先生から教えてもらって初めて知りました。今、1か月たちましたが、まだ続いています。

■クラスの子が自分で考えた関所メッセージ

　ほめ言葉のシャワーを軸とした学級経営で、価値語をはじめとする公を意識した学級文化が生まれてきました。

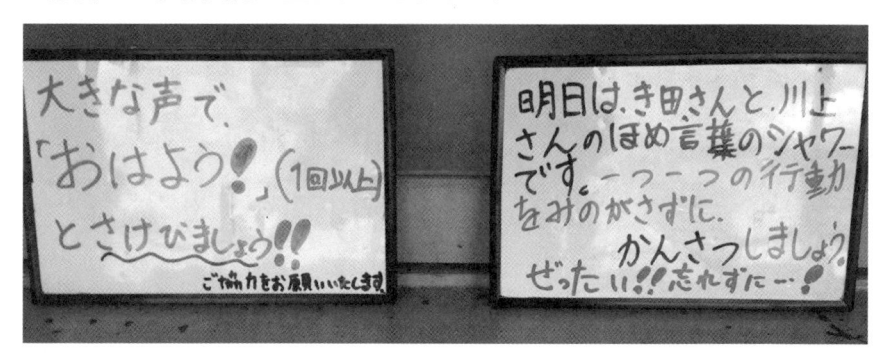

■協力しあったお楽しみ集会

　２学期最後のお楽しみ集会。司会の二人はじゃんけんで希望者の中から勝ちあがりました。どちらかというとまじめでおとなしいタイプの二人です。この二人のもと、集会は計画、実行されました。

　写真は鬼ごっこの前に、整列している様子です。教師はほとんど見守っている状態です。多少のざわざわ感はありましたが、司会の指示は徐々に届きだし、クラスのメンバーの協力が得られるようになりました。子どもたちできちんと整列しています。

　過去のクラスで、このような状況で私がこれまでに経験したことは、いつまでたっても並ばない、司会の言うことを聞かない子どもたちです。司会は「先生、みんな言うことを聞いてくれません…」という嘆きを訴えてきます。

「群れ」が「集団」になりつつある様子だと考えています。

■学び合う姿

　得意、不得意、それぞれの子がそれぞれの良さを持っています。困っている人がいたら、自分の良さを発揮して助けてあげる。言葉を介して自分の思いを伝え合うことで、高め合う1つの形です。

■全員のほめ言葉を書きとめる子

　ほめ言葉のシャワーはコミュニケーションを大切にした実践です。話し手と聞き手は目を合わせ、正対して応答するのが、心を相手に向けた大切なことだと教えます。

　しかし、この子は一人ひとりから受けるほめ言葉を大事にメモしていました。彼女にとっての宝物なのでしょう。彼女は、この後、ノートに全員のほめ言葉をまとめていました。悪いことでは全くありませんが、今後はメモをとらないで、相手を見ようねと指導しました。

　2学期までの私の初めてのほめ言葉のシャワーの実践の記録はここまでです。

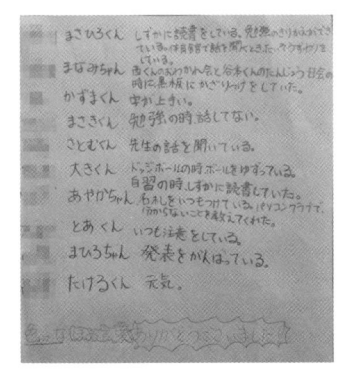

4巡目となる次回の課題は
「ほめ言葉のシャワーを大事にし合おうとする心を作る」です。
　これまでのほめ言葉のシャワーの活動をふり返りながら、自分たちはどのような成長をしてきたのかをできるだけ具体的に考え合いたいです。この活動を通して、ほめ言葉のシャワーでクラスにさらなる安心感を持たせたいです。また、学習面でも、生活面でも一人ひとりを大切にする、お互いに高めあう子どもたちになってほしいと願っています。

▲友達のよいところを文章にして、あらかじめ用意している子どもの姿

3-3 「ほめ言葉のシャワー(4巡目)」-ジャンプ

☐ 「ほめ言葉のシャワー(4巡目)-ジャンプ」のねらい
・ほめ言葉のシャワーをお互いに大事にし合おうとする雰囲気作り
・自分らしさを発揮してもよいという雰囲気作り
・集団への意識の高まり
　キーワードは、「言う子も、言われる子も自分らしさを発揮する」

☐ 指導のポイント
■はじめに
　ここからは、菊池学級のほめ言葉のシャワーの実際の姿を紹介していきます。ほめ言葉のシャワーの目指す姿のモデルとなります。

■ほめて、広げる

```
┌─────────────────────────┐
│ 教師が公集団にとって価値あること │
│ を教える。                │
└─────────────────────────┘
         または
┌─────────────────────────┐
│ 子どもの行為の良いことを取り上げ、│
│ ほめ、価値づける。          │
└─────────────────────────┘
            ↓①
┌─ ─ ─ ─ ─ ─ ─ ─ ─ ─ ─ ─┐
  子どもたちの中にその価値に共感、
  同意する子が生まれる
└─ ─ ─ ─ ─ ─ ─ ─ ─ ─ ─ ─┘
      ②↑      ↓③
┌─────────────────────────┐
│ 今まで見られなかった価値ある行為 │
│ を捉え、ほめる。           │
└─────────────────────────┘
      ④↑      ↓⑤
┌─ ─ ─ ─ ─ ─ ─ ─ ─ ─ ─ ─┐
  ほめ言葉のシャワーのよさ
  自分のよさ
  友達のよさ
  仲間のよさ           の実感
└─ ─ ─ ─ ─ ─ ─ ─ ─ ─ ─ ─┘
            ⑥↓
┌─────────────────────────┐
│   教室に安心感　子どもたちに自信  │
└─────────────────────────┘
```

（一年間を通して子どもたち同士で良さを見つけ、伝え合う活動（ほめ言葉のシャワー））

　ここまで、菊池道場で学んできたことや、自らの実践から実感してきたことを私なりにチャート図にしたものが、上記のものです。
　ホップ期は、①から②、③を重点的に行います。
　ジャンプ期は、④と⑤、そして⑥へと導きます。
　ステップ期は、その中間という位置づけです。
　これらの1年間を通した活動で、【ねらい】を達成します。

■ほめ言葉のシャワーをお互いに大事にし合おうとする雰囲気作りの例

　菊池先生は次のような場面を取り上げてほめます。

　主役が黒板の前でお礼のコメント言っています。手前の女の子は主役のコメントを聞きながらも、大いに共感し、たたえようと拍手の準備をしています。

　この小さなしぐさを美しいと捉えます。相手の心を大切に受け止め、拍手の準備をすることで、相手の心にエールを送ろうしています。良心と良心の交換です。また、ほめ言葉のシャワーによって、そういった彼女らの良さをクラスの友達は知ることができました。ほめ言葉のシャワーって大事だね、という語りができるのです。

■自分らしさを発揮してもよいという雰囲気づくりの例

　ほめ言葉のシャワーの中で、握手する場面が自然に表れた様子です。

　感謝の気持ちを表したいという自分なりの表現です。自分で考えて、やろうと思った行動は自分らしさの表れと言えるでしょう。こういった場面もほめます。

■集団への意識の高まりの例

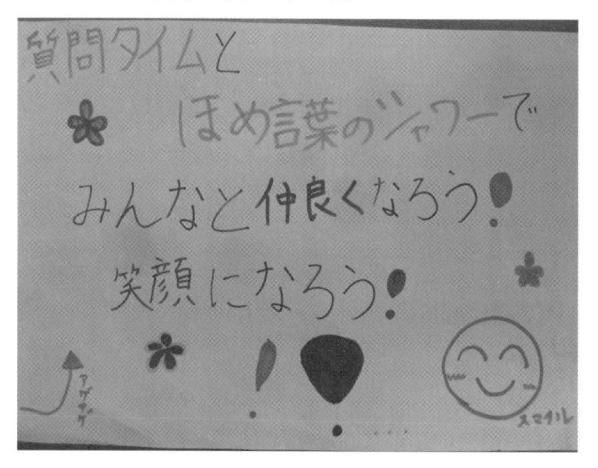

みんなと仲良くなろう、笑顔になろうという言葉は、自分たちをいくつかの仲良しグループの集まりや、ばらばらな個の集まりというよりも、一つの集団として考えている証です。

こういった小さな事柄も取り上げてほめ、集団への意識を高めます。

考察

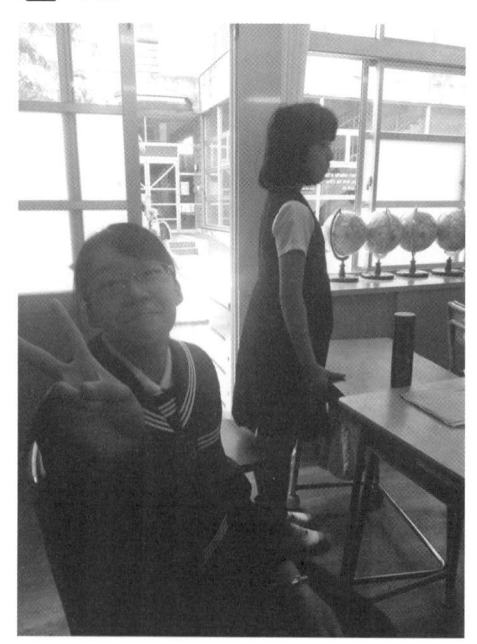

菊池学級の卒業生が2013年の5年生の菊池学級のほめ言葉のシャワーに参加している写真です。

卒業しても自分たちの行ったほめ言葉のシャワーに名残惜しいのか、または誇りに思っているのか足を運んで参加しています。そんな彼女らは、卒業した後の春休みに、母校である小学校に来て自主的に校舎を掃除する姿もみられました。

卒業してもなお、母校を掃除する姿に公を大切にした心と自分らしさの発現がみられるのです。

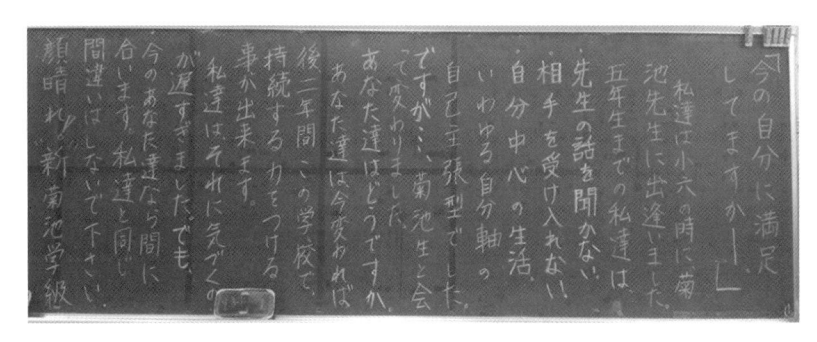

卒業生が、在校生の5年生にメッセージを残したものです。そこには、自分たちの5年生までの姿を「自己主張型」と呼び、「私たちと同じ間違いはしないでください」とアドバイスしています。自分たちの過去を冷静に分析し、批判的にいうことは、ある意味「自信がついた」からといえます。また、自分たちとは後輩とはいえ直接関係ないともいえる5年生に、恥ずかしいところを見せながら、よくなってほしいとアドバイスすることは、公の道を歩んでいると言えます。

最後に、ジャンプのキーワード「言う子も、言われる子も自分らしさを発揮する」について述べます。

教師のコメントで「○○くんらしさがでていてよい」や「△△するのは○○さんらしさが表れている」というものがあります。

「言われて気づいた自分の良さ」というものがあります。友達から言われてから、自分の良さに気づいたり、ただなんとなく思っていたものが確信に変わったりするのでしょう。

ほめ言葉のシャワーでは、他者から言われる「自分らしさ」と「自分の良さ」がつながり、ほめられることで「自信」になるようです。

これまで、みんなのため、集団のため、公のために行動を起こす子どもたちの事例をさまざま挙げてきました。他者との言葉を介したコミュニケーションでほめあい、認め合うことで、自信がつき、自分の良さを自分らしさとして行動に移したものといえます。

これからの子どもたちの成長にとってもっと大事なことを学ぶことができるのが、このほめ言葉シャワーではないかと思います。

第6章 言葉によってつながりを強くする「日常指導」

福岡県北九州市立徳力小学校
中雄紀之

　子ども同士のつながりが強くなると、グループの活動が変わります。子どもたちが豊かなコミュニケーションを楽しむようになるのです。

1 「日常指導」のねらい

　学級でのトラブルは起こって当然です。菊池先生は、よく言います。
『トラブルは、子どもを変えるチャンスととらえよう。即時指導です』
　即時指導とは、その時、その場で、その子を叱りとばすだけではありません。本人を含む学級全員が納得する指導で、全員の成長を促すことを意味しています。例えば、学校の決まりを守らない子どもがいたとします。そんな時、私は個別指導はせず、即時指導を行います。「決まりを守る人と守らない人の違いは何か？」や「決まりを破ってよい時はどんな時か？」など様々な角度で、子どもたちに話し合いをさせていきます。指導は、「学級集団　対　個」ですべきです。多くの指導が、「教師　対　個」ですが、これでは教師と子どもがぶつかり合い、教師と子どもの関係がうまくいかなくなります。

　たとえ、「教師　対　個」の関係で指導することになったとしても、直接子どもとぶつかることを避けます。例を挙げると、ある態度の悪い女子児童がいたとします。足を椅子の上にあげて、授業を受けている様子を想像してください。普通なら、「○○○さん、足を下ろしなさい！」と言うでしょう。菊池先生は、ツカツカと女子児童に近づき、かがみこんで言いました。『**お嬢様**、足を下ろしてくださいませ。そうしてくれないと**爺や**は授業が進められません』

　どちらの対応が、この女子児童を変えるか、言わずともわかります。
　このように、私たちは日常指導によって、学級の意識が整ったり、教師と子どもの関係が良くなったりすることを意識しています。
　また、教師の指導によって、子ども同士をつなぐことや言葉で子どもたちの意識を「調える（調和させる）」ことも行います。
　これら全ては、子ども一人ひとりが豊かなコミュニケーションを楽しむ「学級集団」へ育つ「土台」なのです。

2 「日常指導」の概略

ミニ学級会

　日常のトラブルについて、みんなで話し合って解決を図ります。当事者を指導するのではなく、学級の問題として、意見を募っていきます。集団の力の方が、教師の指導よりも強い効果を発揮します。

個と全体をつなぐ指導

　友達との関係がうまく築くことができない子ども、学習が苦手で意欲をもてない子どもなど、課題を抱えた子どもたち。子ども同士をつなぐ指導を繰り返して行ううちに、少しずつ、少しずつ他者とのかかわりを楽しむようになっていきます。

席替え指導

　席替えでは、負の人間関係を生み出さないことがポイントです。新しい出会いを喜び合うように仕組んでいきます。それは、コミュニケーションで始まり、コミュニケーションで終わる席替えです。

言葉で心を整え、集団を整える

　言葉を意識した生活を心がけさせるために、子どもたちが使う言葉を集めます。集まった言葉を掲示し、繰り返し指導していくことで、言葉が整い、学級も調って（調和して）いくと考えています。

3－1　トラブルから学ぶ「ミニ学級会」

❏「ミニ学級会」のねらい

　生徒指導は学校生活の色々な場面で行っていかなくてはなりません。教師が対応し、指導することは基本です。しかし、学級全体の問題として扱い、全員で話し合わせることで、当事者の子どもだけでなく、学級全員の指導にもなります。
「ミニ学級会」というネーミングは、時間をたくさん使って解決するのではなく、話し合う柱を１つか２つに絞って学級会を行うからです。このような学級会を積み重ねることで問題の解決の仕方や話し合いの仕方を指導していくのです。したがって、ここでのねらいは次の３つです。
　①学級集団の力でトラブルを解決する
　②トラブルを他人事でなく、自分のこととして考えさせる
　③問題の解決の仕方や話し合いの仕方を学ばせる

❏ 指導のポイント

　ミニ学級会を成立させるための条件と年間の流れを示します。
1．条件
　①トラブルが学級会の話し合うテーマとしてふさわしいか
　　いじめなどの大きな問題は、教師中心で指導に当たるべきですが、日常的なトラブルは子ども同士で解決させるスタンスです。
　②トラブルの内容を一般化したテーマに変換する
　　口げんかが暴力にまで発展した事例なら、「言葉と暴力のどちらで解決した方がよいのか」などのテーマで話し合わせます。そうすることで、子ども一人ひとりが自分自身の問題として考えることができるのです。
　③学級会のゴールを見通しておく
　　話し合いの落としどころを持っておきます。先述のテーマなら「『暴力』は未来を暗くするが、『言葉』は未来を明るくする」などです。

2. ミニ学級会の年間の流れ
　①１学期…最初は教師が司会を務める。
　②２学期…徐々に子どもに司会を任せていく。
　③３学期…議題投書箱を作り、学級会を自治的に行うことができるようにする。

具体的な実践例
1. 教師が司会をして、話し合いの仕方に慣れさせる
　（１）「ＫＹ問題」の実践
　給食の時間は、子どもたちが会話に花を咲かせる時間帯です。ある意味、子どもたちの素の言葉づかいが表面化するときです。ある日、私の学級で気になることがありました。給食時間にやたらと、「ＫＹ（空気読めない）」という言葉が飛び交っていたのです。もちろん冗談交じりに使っているのですが、気になりました。その不安は的中しました。学級では「ＫＹジャンケン」なるものも行われていたのです。３人でジャンケンして同じものが出なかった相手に対して、「ＫＹ」と言うルールです。１人を「中傷」するということは許されることではありません。

　その日一日は、頭の中で、モヤモヤと悩みました。どういうテーマで話し合わせたらよいか、切り口をどうもってくるか考え続けました。

　次の日は、とりあえず、給食時間の子どもたちの言葉を拾っていくことにしました。すると昨日よりも、「ＫＹ」という言葉の数が減っていました。これでいこうと決めました。

　５時間目、私は子どもたちをほめました。朝から４時間目までのことをいろいろほめました。そして最後にこう言いました。
『今日の中でいちばんうれしかったのは給食時間のことです。昨日と比べてある言葉がほとんど聞こえませんでした。先生から注意される前に気づくことができたのだなと感激しました。』

　黒板に「ＫＹ！」と書きました。そして、その横には、「その場の空気を読みなさい！」と書きました。そしてこう問いかけました。

『この二つの言い方、どう違いますか？ノートに一つ書きましょう。』
　・日本語と英語
　・言い方が違う。日本語の方は注意っぽい
などが出されました。
　次に、突っ込んだ質問をしました。
『あなたが言われるならどちらがいいですか』
　全員が「その場の空気を読みなさい！」の方に手を挙げました。
『全員が手を挙げています。全員です。わかりますね』
　子どもたちは周りを見渡し、全員が手を挙げていることに驚いていました。
『理由を書きなさい』
　子どもたちが書き始めました。発表を募ると、次のような意見が出てきました。
　・「ＫＹ！」は言い方が悪い。「その場の空気を読みなさい！」は言い方がよい。
　・「ＫＹ！」は攻撃しているみたいだからいやだ。
　・「ＫＹ！」は意地悪な言い方だから
『こんな理由だから、みんなが「ＫＹ！」はいやと判断したんだね』
　この言葉で、ミニ学級会を終わりました。
　この後、学級から「ＫＹ」という言葉は全くといってよいほどなくなりました。子どもたちが自分の判断で挙手し、理由を出し合っただけです。子どもから出る言葉の方が、反省を促す力があるのでしょう。

　（２）実践のコツ
　①話の切り口を教師のほめ言葉で始めたことです。叱り口調で始めてしまうと、「先生が怒っているから、何とかしなくちゃ…」という意識になってしまいます。ほめることで始めると、「もっとよくなろう。そのために考えよう」という意識になるのです。

②『「ＫＹ！」と「その場の空気を読みなさい！」の違いは何か』や『あなたならどっちで言われたいか、それはなぜか』というテーマで、全員が考えるように仕向けたことです。
③全員に考えさせるために、発言の前に書かせたことです。書かせることで、子どもは、考えるようにもなるし、発言も増えます。また、書かせることで、言いたいことが整理され、わかりやすい発言にもなります。さらに、書かせることで、発表者が偏ることもなくなります。書いたことを読むだけなので、誰でも発言できます。司会が書き終わった子を自由に指名することもできます。

２．徐々に子どもに司会を任せていく

　２学期ぐらいから、子どもたちに司会を任せていきます。『司会をしたい人？』で決めてかまいません。ただし、最初は教師が司会の子に付き添って、テーマを伝えたり、指示の出し方を教えたりします。

（１）遊んだ後のボールの後片づけができないトラブル

　学級のボールが片づけられず、職員室に届けられたことを話しました。『ボールの後片づけ問題について学級会で解決しよう。誰か司会をしてみませんか？』

　２人の子どもが手を挙げました。ジャンケンをさせて、司会を決めました。その後、黒板書記も決めました。

　司会の子をサポートしながら話し合いを進めさせます。特に、テーマや話の柱は子どもに考えさせることは難しいので、あらかじめ教師の方で、黒板に書いてあげます。

今回は次のような流れで進め、色々な意見が出ました。
①ボールが置き去りになるという結果に至るまでに、どんなマイナスの行為があったのか
・友達に片づけを押しつけようとした
・ボールを投げ合って相手に片づけさせようとした
②学級でほかにも片づけられていないことはないか
・学級のオセロや将棋、トランプ
・長縄
・学級文庫の本
③片づけができるようになるためのルールを作ろう
・片づけタイムをつくる
・片づけができなかったら、次の一日は使えない
・片づけの順番を決める
・気づいた人が片づける

（２）指導のコツ
①司会をする子への指導
　学級全員が参加できるように、司会の子に口癖のように言わせることが３つあります。
・○○分（秒）で意見（理由）を書いてください。
・指名されて（ノートに書いた人）から発言してください。
・全員立ちましょう。（賛成か、反対か）決まったら座りましょう。
　的確な指示を出させ、リズムとテンポのある進行を目指します。
②学級会後の指導
　学級会が終わった時、教師がすべきことが３つあると考えています。
　１つ目は、司会の子のよかったところを考えさせたり、教師の方から発表したりすることです。そうすることで司会が上手になります。
　２つ目は、その日の学級会の価値を伝えることです。自分たちの問題を自分たちで解決することは、自立、自力、集団、協力など大きな価値

があります。学級の成長とは、「教師の出番が少なくなること」だと話すのです。

3つ目は、子どもたちの発言の中でよかったものを紹介することです。それは、実現性、効率性、効果のある意見であったり、友達の意見を引用して自分の考えを加えたものであったりします。この教師のほめ言葉によって、次の学級会の話し合いの質が高くなるのです。

3．議題投書箱を作り、学級会を自治的に行わせる。

菊池先生の学級を参観した時に目についたものです。子どもたちが、自分たちの生活を向上させるために、話し合いたい議題を投書しているのです。その中には「最近、男子と女子のケンカが多いので、お楽しみ会の計画を立ててもっと仲良くなるべきだ」や「学級の歌を作ると、朝の会の歌でもめることもないのではないでしょうか」などの投稿がありました。

このように、菊池学級では、学級会がかなり浸透していました。また、学級会では、賛成や反対意見だけでなく、合意を目指す意見が出されていました。それは、相手の意見の短所を突くのではなく、相手の意見の長所を見つけ、その長所がもっとよりよいものになるような発言でした。つまり、お互いが納得できる解決法を出そうとしていました。私はそういった子どもたちの姿を目指して指導しています。

📖 考察

子どもたちのトラブル解決法は、1人をやり玉に挙げて非難したり、口げんかや力に頼るものだったりしました。ところが、学級会という、公の場のコミュニケーションによって解決することを経験していく中で、次第につまらない争いごとが少なくなってきます。

学級会も繰り返し経験させることで、教師の出番は減ってきます。「自分たちの力でできた」という達成感は、子どもたちに一体感を与え、トラブルも減っていく大きな要因になると考えています。

3-2 気になる子に対応する「個と全体をつなげる指導」

☐「個と全体をつなげる指導」のねらい

　教室には少なくとも、数名の気になる子どもがいます。そういった子どもは友達とのかかわりが苦手であることが多いような気がします。友達とのかかわりが苦手だと、どうしてもトラブルが起きます。コミュニケーション力も、土台は人間関係を築く力です。

　私は、年間を通して、子ども同士をつなぐ指導を継続しています。子ども同士の豊かなコミュニケーションを成立させるためです。ここでのねらいは次の2つです。

　①教師のほめ言葉で教師と子どもとの関係をつなぐ
　②教師が意図的に気になる子どもと集団との関係をつなぐ

☐ 指導のポイント

　①教師のほめ言葉が学級づくりの土台というスタンスをもつ
　②いつ、どんな時、どのような方法で、どんな言葉でほめるのか
　③教師は子ども同士をつなぐ役であることを自覚する

☐ 具体的な実践例

1. 教師のほめ言葉が学級づくりの土台というスタンスをもつ

　（1）子どものマイナス行為はスルーする

　ある年、前年度大変だったと言われる学級をもちました。学級の3人ほどの子どもが反抗したり、授業に参加しなかったりする学級でした。

　その3人の中にAさんという子どもがいました。Aさんは、授業中、「そんなんせんし！」「意味わからんし！」などと言って、授業に参加しない子どもです。昨年度は担任の先生が激高している姿をよく目にしました。だから、私はあえて、Aさんのそういうセリフに対して無反応を装いました。ただ、時々、Aさんに「Aさんはさっきの質問についてどう思う？」

と聞きに行きました。そして、子どもたちに質問の答えを発表させるとき、Aさんの意見を私が代わりに言うなどして、Aさんの頑張りを次のようにみんなに伝えました。

『先生はAさんの意見も聞いてきました。Aさんは○○○と言っていました。Aさんもちゃんと考えているのです。Aさんががんばっていると思う人は大きな拍手をしよう！』

　5月頃からでしょうか。少しずつAさんは、みんなと同じように学習に参加するようになりました。

　私は、4月はとにかくほめ続けることを意識して学級づくりをスタートしています。気になる子どもがいたときは、その子に声をかけ、良いところを探し、みんなに伝えます。声をかけるとその子の反応が返ってきます。それがほめる材料になるのです。

　ある朝、私は気になるAさんに「Aさん、おはよう」と声をかけました。Aさんは私の目をちょっと見て小さな声で「おはよう」と返してくれました。これだけでAさんをほめることができます。私は教室で、こう言いました。

『今日の朝、先生はAさんに「おはよう」と声をかけました。Aさんとは出会ったばかりです。もしかしたら、挨拶を返してくれないかもしれないと不安でした。Aさんは挨拶を返してくれました。小さな声でした。Aさんも緊張していることがわかりました。Aさんは緊張に負けず、頑張って返してくれました。先生は嬉しかったです』

　この後、黒板の左隅に小さく「挨拶＝思いやり」（Aさん）と書き、1週間ほど消さずに残しておきました。このように、ほめることを通して気になる子と全体をつないでいくのです。

　（2）教師が子どもをほめることの価値

　教師が子どもをほめることには「教師と子どもとの関係をつなぐこと」以外に3つのメリットがあります。

　①子どもたちが気になる子を肯定的に見るようになる

②ほめられた子どもの行為が望ましいモデルとなり、学級の子どもたちが望ましい行為をまねるようになる
③教室の空気（雰囲気）が温まる

したがって、私たち菊池道場メンバーは、教師のほめ言葉を重視した指導にこだわっています。

（3）教師は4月にほめるべき！

先述したように4月は教師のほめ言葉を連発する月と考えています。気になる子どもは、特に重点的にほめます。
「なぜ、4月に教師のほめ言葉を集中する必要があるのか」
それは、子どもが、教師のまねをして、友達をほめようとするからです。子どもは教師の鏡なのです。

10年以上前、私はよく先輩の教師から「4月は、子どもたちを厳しく指導しないと、どんどん学級が崩れるよ」と言われていました。しかし、近年、この手法がうまくいかなくなっています。叱れば叱るほど、教師と子どもの関係がこじれるのです。また、近年は「学級づくりだ！」と意気込んで4月当初から子ども同士でよいところ見つけ合うこともよく耳にします。これもうまくいかないことが多いです。菊池先生は、この理由を次のように言っていました。

『子どもたちの中に、ほめたり、ほめられたりする経験が少ないにもかかわらず、教師が強制的にほめ合う活動を設定するので、「やらされている感」だけが、子どもたちに残ってしまう。せっかくのコミュニケーションが失敗に終わってしまっている』

したがって、まずは、教師が子どもをほめて、その言葉の温かさを子どもたちに十分に体験させます。また、教師が子どもの行った良い行為を取り上げて、『どこがいいと思う？』などと子どもに問いかけます。少しずつ子どもたちのほめる視点や感覚を磨いていくのです。

2．どんな時、どんなことを、どんな方法で、どんな言葉でほめるのか

（１）どんな時、どんなことをほめたか

　基本的に、人間関係に関する面でほめていきます。子ども同士をつなぐという目的を達成するにはそれが最も効果的です。楽しく話し合っている様子や、友達の手伝いをしている様子。楽しく遊んでいる様子。挨拶している様子などです。

　また、相手に対する目線、笑顔、姿勢、身振り手振りなど、できるだけ細部をほめるようにしていきます。

　例えば、この写真で次のようなことをほめることができます。
　①話し合いやすいように、ノートという物を準備している。
　②２人の目の先が一点に集中している、話し合いがうまくいっていることがわかる。
　③笑顔で話しかけるから、相手も笑顔になる。
　④相手の見やすい位置にノートを持ってきている。
　⑤男子、女子関係なく、話し合いを楽しんでいる。

　このような写真を使って、先述したように、子どもたちに問いかけることも有効なやり方だと思います。
『先生は、いいなと思ってこの写真を撮りました。どこがいいと思いますか？』
　このように問いかけることで、写真の２人が認められるだけでなく、肯定的に観察する癖が子どもたちに身についてきます。
　小さな行為の裏側にその子らしさが見えてきます。それをどんどん学級に発信していくのです。

（２）話す以外のどんな方法でほめるのか

①教師のほめ言葉のコメントを成長ノートに書く

　私たち、菊池道場メンバーでは、成長ノートを書かせることが、教師と子どもをつなぐ有効な手段になると考えています。教師の音声としてのほめ言葉は、どうしてもその場で消えてしまいがちです。しかし、書いたことはずっと残ります。だから、温かいコメントを意識し、たくさんほめるようにしているのです。

②授業中、付箋に子どもの良いところを書いてその子に渡す

　子どもの活動中、教師の手がすいているときに子どもの良いところを付箋に書いて渡すことも行います。

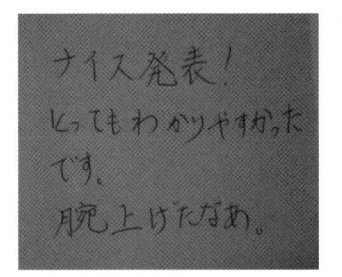

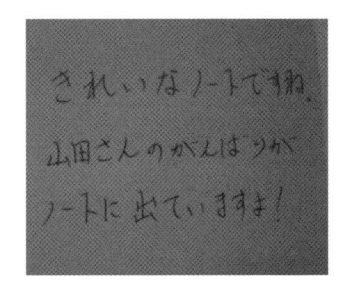

　卒業前にある子どもが、私の渡した付箋について成長ノートに書いてくれた言葉があります。

> この一年間、たくさんいいこともあったけど、先生からもらった付箋のことは今でも覚えています。実はあの日は、とても体がきつかったのです。中雄先生の付箋には、「きついんじゃない？無理しなくていいよ」と書かれていました。とてもうれしかったです。

　私は、この子の感想をきっかけに付箋に書くことを本気で行うようにしました。教師と子どもが温かい関係になるこの手法は、私の中ではかなり重要な指導のひとつです。

（3）どんな言葉でほめるのか

　ほめ言葉にも型があります。私のよく使うパターンを紹介させていた

だきます。
　①事実のみ
　Bさん、昨日も、そして、今日も元気な声で挨拶していますね。
　②事実＋予想
　Bさんの雑巾の磨き方は、腰に力が入っている。…（事実）
　きっと、この教室を大事にしたいとか、役に立たなきゃいけないとか、いろいろ考えてやっているからでしょう。…（予想）
　③事実＋予想＋価値（過去とつなげる）
　Bさんは、友達の発表が始まると、すっと相手に体を向けました。…（事実）
　きっと、仲間から学ぼうとしているのでしょう。…（予想）
　Bさんは、始業式から素直にがんばってきたから、吸収力がついてきたのでしょう。…（価値〜過去とつなげる〜）
　④事実＋予想＋価値（未来につなげる）
　Bさんは、隣のC君がまだ問題が解き終わっていないことに気づきました。でも、声をかけず、しばらく見ていました。数秒後、ようやく声をかけて、隣の友達も問題を解くことができました。二人とも笑顔になっていました。…（事実）
　数秒の間でBさんは、C君がどこで悩んでいるのか考えていたのだと思います。…（予想）
　Bさんは、きっとこれからもたくさんの人を助ける人になるでしょうね。…（価値〜未来につなげる〜）
　⑤ほめ言葉＋拍手
　Aさんの今の号令、気持ちがよかったなあ。Aさんの号令が、前の時間の号令よりもよくなったと思う人は気持ちのこもった拍手をしよう！

※ほめる時のちょっとしたコツ
　ほめる時は写真があると説得力が倍増します。ほめ言葉を「見える化」するので、私はデジタルカメラをいつも腰からぶら下げています。

また、写真に撮っておくと、次の日にも「昨日のことなんだけど…」と使うことができます。撮った写真は、その時のほめ言葉と一緒に「価値モデルのシャワー」として掲示することもできます。

2. 教師は子ども同士をつなぐ役であることを自覚する

（1）その子のいないところでほめる

気になる子どもが欠席した時によく使います。D君は、暴力的な発言の多い子どもです。そのD君が欠席の日、健康観察でD君の欠席を知らせた後、こう話しました。

『今ここにいない人のことを言うのもなんだけど…。D君、変わったなあと思っているんだ。昨日、先生が重たい荷物を持っているときに「先生、持ってやろうか」と言ってくれんだよ。先生うれしかったなあ。それに、この雑巾見て。D君の雑巾真っ黒だよ。口は悪いけど、変わろう、成長しようとしているんだね』

この話のあと、子どもたちのD君に対する目つきが穏やかになったような気がしました。D君の乱暴な言葉づかいも少しずつ減ってきました。

（2）子どものメモしたほめ言葉を見せ合うことで子ども同士をつなぐ

学力の低い子どもや、阻害されている子、友達関係が築けていない子に自信ややる気を起こさせるには、友達の書いたほめ言葉を見せることがいちばん効果的かもしれません。

私はよく子どもたちに次のような指示を出すことがあります。

・この算数の時間、頑張っていた友達の名前と理由を書きなさい。
・全員の作品の中から、いいなと思う人の名前とその理由を書きなさい。
・掃除時間、よくやっているなと思う人の名前とその理由を書きなさい。
・朝の教室で挨拶を頑張っていた人の名前とその理由を書きなさい。
・給食のマナーがいいと思う人とその理由を書きなさい。

子どもたちの書いた中に、気になる子の名前があれば、その子にそっと見せます。
　Ｆ君という、自分に自信を持つことができない子どもがいました。
『Ｆ君、いいもの見せてあげるからおいで』
『読んでごらん』
　そう言って、Ｆ君のほめ言葉が書かれているＧさんのノートを見せました。Ｇさんは、大変まじめで、しっかり者です。
『あのＧさんがほめるのだから、Ｆ君の努力は本物だね』
　Ｆ君はちょっとはにかんでいました。
『Ｇさんだけじゃないよ。Ｈくんも君のことを書いている。ほら』
　Ｆ君は食い入るようにＨ君のノートを見ていました。
『Ｆ君、見ている人は見ているよ。よく頑張っているね』
　Ｆ君の表情がパッと明るくなりました。
　菊池先生は道場の中でよく言います。
『自分らしさというものは、人から言われないと気づかないものですよね。特に、気になる子はそういう経験が少ないからねえ。結局、自信というものも、ほめられるという人とのつながりから生まれるんじゃないかなあ』
『ほめ言葉のシャワー』はまさに、自分らしさを実感させる取り組みです。私は、気になる子が『ほめ言葉のシャワー』を浴びる日には、学級全員にその子のほめ言葉をたくさん書かせます。そして、時々、発言されなかったほめ言葉を見せて、気になる子と学級の子どもたちをつなごうとしています。このことは、教師の重要な役割だと考えているからです。

❏ 考察

　菊池道場では、教師が子どもとつながることを「縦糸」と呼んでいます。また、子ども同士がつながることを「横糸」と呼んでいます。この縦糸と横糸が絡み合うことで、温かく認め合う学級になると考えているのです。このような関係があってこそ、豊かなコミュニケーションを楽しむ

ことができるようになるのです。例えば、
『問題の解き方についてたくさんの人と相談しましょう』
　この指示でも、教師と子どもの関係や子ども同士の関係ができている場合とそうでない場合では、大きな差が出ます。
　教師と子どもの関係が強ければ、子どもたちは素直に「よし、みんなで力を合わせて問題を解こう！」と思うはずです。関係が切れていれば、子どもたちは、こう思うでしょう。
「なんでそんなことしなくちゃいけないの？相談なんてしなくていい」
　また、子ども同士の関係ができていれば、「たくさんの人の話を聞いて自分の意見をもっとよくしよう」と思うでしょう。関係がなければ、やはり、「誰と相談したらいいかわからない。○○さんしか話す人いないのに」と思ってしまうでしょう。
　つまり、コミュニケーションは、人間関係があって成立するものなのです。そして、気になる子ほど、人間関係が築きにくいという現状では、教師の働きかけで個と個や、個と全体を「つなぐ」ことがかなり重要になってくると考えています。

3-3　新しい出会いを喜び合う「席替え指導」

◻ 「席替え指導」のねらい

　ある年の菊池学級では、3学期ごろ、毎時間が席替えだったといいます。どういうことかというと、それは仲の良い人の近くになるというものではなく、「国語だったらこの人の近くの方が良い意見を聞ける」とか、「あの人は算数が苦手だから近くにいてあげよう」とかいう思いで子どもが自由に動いていたというのです。子ども同士の認め合う関係が強まるとこんなこともできるのかと驚きました。

　対話の土台は人間関係です。小学校では席のほとんどは男女混合のペアです。したがって、席替えは人間関係のスタートとしてかなり重要です。私は席替え指導のねらいを次の3つに絞って行っています。

　①席替え前に今のペアについて振り返らせ、相手に感謝したり、自分のよさを知ったりできるようにする
　②席替え後、新しい相手のよさを多面的に見出し、自分と相手との違いを楽しむことができるようにする
　③ペアで二人だけのルールを作り、前向きにスタートすることができるようにする

◻ 指導のポイント

　①席替え前に「ありがとうメッセージ」で感謝の思いを相手に伝える
　②席替え後に質問ゲームをすることを伝え、質問したいことを3つほどメモさせる
　③席替え後、質問ゲームで相手のことを知るようにする
　④「これだけはがんばろう」と「これだけはやめよう」を二人で話し合って決める

具体的な実践例
1. ありがとうメッセージ

「ありがとうメッセージ」は、席替えの前に必ず行う活動です。ペアになってからの期間で感謝していることを思い出して付箋に書き、相手に渡すのです。感謝し、感謝されることで、気持ちの良い別れができます。

　子どもたちはこの活動を結構好んでいます。相手から何とほめられるか、関心が高いのです。自分のよさは自分ではわかりません。他者から伝えられて初めて、自分のよさを確信するのでしょう。子どもたちの多くがこの付箋を集めてノートに貼っています。よほど大切なのでしょう。

　この活動によって、子どもたちは自分に自信をもち、新しい出会い後も、相手のために頑張る気持ちが生まれます。

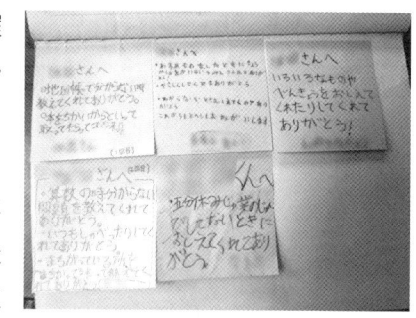

2. 新しい相手にする質問を準備しておく

　私の学級では、視力の低い子ども以外はくじで席を決めます。そのくじを引く前に話をします。

『5分未来の話をしよう。5分後、あなたの隣には今とは違う友達が座っているでしょう。新しい出会いですね。そのとき、当然「よろしくお願いします」はお互い言います・・・よね。』

　半強制的にうなずかせます。

『大事なのは、そのあとです。何をするかわかる人？』

　一人も手を挙げません。それを確認して話を続けます。

『大人同士で出会ったときは、こんなことを言います。「お勤めはどちらですか？」「ご自宅は近くですか」「お子様は何人ですか」などです。』

「質問・・・。」

　ちょっとわかってきたようです。

『今から未来のお隣さんに聞きたいことをできるだけたくさんノートに書きましょう。好きなゲームでも、食べ物でも何でもいい。聞きたいことをメモしておくのです。それがうまく付き合う第一歩です。』

　いろいろな質問を書き始めました。

　席替え後、黒板に大きく「連続質問」と書き、質問ゲームを始めました。教室が一気ににぎやかになりました。どの子どもも笑顔です。

　子どもたちは、相手のことを知っているようで実はよく知りません。しかし、この活動によって、相手のことをよく知ることができます。しかも、「相手のことを知ることは楽しい」と実感させることもできます。

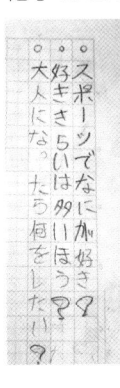

　時々、「班でも質問ゲームしてもいいですか」という声も出てきます。質問ゲームを班で行うと、相手と自分の違いがたくさん出てきてそれが楽しいのでしょう。感想からも、そんなことが見えてきます。

3．席替え後の子どもたちの感想

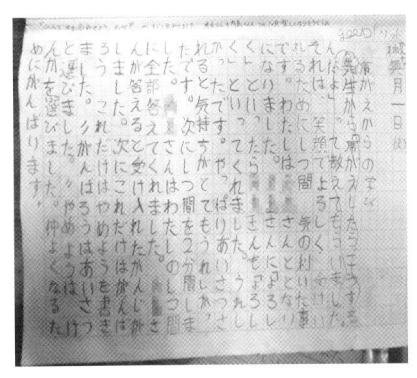

4.「これだけはがんばろう」と「これだけはやめよう」を決める

　質問ゲームで二人の関係が温まった状態を利用して話し合いを行います。テーマは「二人が仲良くなったり、成長したりするために、これだけはがんばろうと思うことと、これだけはやめようと思うこと」です。

　ポイントは、具体的な行動を書かせることです。例えば、「仲良くする」ために、具体的にどんな行動が必要なのかを考えさせるのです。子どもたちがよく書くことを挙げてみます。

```
～これだけはがんばろう～
・「おはよう」を絶対言う
・宿題を忘れない
・1日5回発表する
・目を見て話し合う
・よいところを見つけあう
・給食時間、たくさん会話する
・わからない時、すぐ相談
```

```
～これだけはやめよう～
・机を離さない
・悪口を言わない
・勉強の邪魔をしない
・忘れ物をしない
・ケンカをしない
・暴力を使わない
```

　決まったことは、いつでも振り返ることができるように、細長い付箋に書かせて、机の上にセロハンテープでしっかりと止めます。忘れかけたとき、チェックすると、子どもたちはハッとして、初心に戻ります。

🔲 考察

　席替えで人間関係の土台を作ることは、対話成立の土台を作ることです。「よいチームになろう」、「相手のためにできるだけのことはしよう」、「相手の良いところをたくさん見つけよう」このような気持ちを育てる意識をもって席替えを行うことで、温かい対話が生まれ、相手もそして自分も好きになっていくと私は考えています。

　菊池道場の中で、よく菊池先生が語られることがあります。
『最終的な子どもの成長のゴールは、自分のことを好きになることだろうね。相手の良いところ見つけ、それを伝え、相手とのつながりがどんどん強くなっていく。そのようにできるようになった自分が好きになる。これが理想かな』

　私は、そんな幸せな学級と幸せな子どもの姿を目指しているのです。

3－4 「教室にあふれさせたい言葉」、「教室からなくしたい言葉」

◻ 「教室にあふれさせたい言葉」、「教室からなくしたい言葉」のねらい

　子どもたちは言葉で友達とのつながりを強めたり、弱めたりします。菊池先生はよく「人は言葉によって考え、言葉によって判断する」と言われています。裏をかえすと、教師の指導によって、子どもたちの言葉を整えていくことが大切だということです。根本にある「言葉」を整えていくことで、子どもたちの考えも言動も変わります。結果的に、子ども同士の関係は温かくなり、結果、学級の雰囲気も調和した集団的なものになると考えています。
　①温かい人間関係を築く言葉づかいについて考えるようにする
　②日頃の言葉を整えることで、学級を落ち着いた雰囲気にする

◻ 指導のポイント
　①あふれさせたい言葉となくしたい言葉を集めて掲示する
　②掲示物は頻繁に使う

◻ 具体的な実践例

　　2種類の言葉に気づかせる

　黒板に「おはよう」と書きます。
『教室に入って、この言葉を聞いた人？』
　たくさんの手が挙がりました。
『先生も聞こえました。先生が教室に入ると、A君がB君に「おはよう」と言っていました。「いいことだなあ」と思う人は頭の上で○を、よくないことだと思う人は胸の前で×を作ってください』
　全員が頭の上で○を作りました。

『どうして「いいことだなあ」と思ったの？隣の友達と3つは見つけましょう。時間は30秒で十分でしょう』
　30秒を知らせるベルが鳴った後、発言させました。
・言われた友達がいい気分になる
・言った方もすっきりする
・「おはよう」が返ってくるとうれしい
・朝から気分がいい
・聞いていた人も気分が良くなる
　子どもたちの発言のあと、「言葉」について話しました。
『先生は、言葉には、2種類あると思っています。一つは、「言った人」も、「言われた人」も、「聞いていた人」も気持ちが良くなる言葉です。もう一つは、「言った人」も、「言われた人」も、「聞いていた人」もいやな気持ちになる言葉です。』
　黒板に板書します。

> A　言った人も、言われた人も、聞いていた人も気持ちが良くなる言葉
> B　言った人も、言われた人も、聞いていた人もいやな気持ちになる言葉

『この学級にあふれさせたい言葉はどっちですか？』
「Aです」
『この学級からなくしたい言葉はどっちですか？』
「Bです」
『学級の目標を達成するために必要な言葉はどっちでしょうか？』
「Aです」

『学級の目標の達成を邪魔する言葉はどっちですか？』
「Bです」
　子どもたちの表情がちょっとずつ真剣になってきました。
『今から、みんなで力を合わせて、学級にあふれさせたい言葉となくしたい言葉を集めてみよう』

子ども同士で話し合って言葉を集める

活動の流れを黒板に書いておきます。

①一人になってあふれさせたい言葉やなくしたい言葉を付箋に書く。（3分）
②班の友達と付箋を出し合う。話し合って言葉を増やし、付箋に書く。（5分）
③付箋を画用紙に貼る。
④ほかの班の付箋を見学する。
⑤感想を書く。

『あふれさせたい言葉はピンクの付箋に、なくしたい言葉は青の付箋に書いてね』
　こう言って活動を始めました。最初の一人での活動では、3枚程度しか言葉が思いつきません。
　しかし、班での話し合いになると、付箋の数が一気に増え、もっと他にないかと考えるようになります。教師は、話し合いがより盛り上がるように「相手の意見を否定しない」というルールを示しておきます。
『話し合いが盛り上がる魔法の言葉があるんだ…』
　こう言って、黒板に「いい

ね!いいね!」と書きます。
「さあ、『いいね!いいね!』で話し合いを盛り上げよう」
　教室のあっちこっちから「いいね!」という声が聞こえてきます。
「あっ、その言葉、確かになくしたい言葉だね。いいね!」
「『ごめんね』があるなら、『気にしなくてもいいよ』もあふれさせたい言葉だよね」
「『死ね』もいやだけど、『消えろ』もいやだね」
　教室全体が活気づいていきます。
　教師もあっちこっちで「それいいね!」と言って回ります。

> ほかのグループの付箋を見学する

『ほかの班はどんな言葉が出てきたか気になるよね』
　多くの子どもたちが「うんうん」とうなずきます。
『3分ほど見てきていいですよ』
　一斉に子どもたちが動き出しました。
「なくしたい言葉のほうが多いね」
「俺たちと同じ言葉がある」
　子どもたちの口から素直なつぶやきが出てきました。この活動で子どもたちは「思い」を共有していきます。つまり、みんなよい言葉を望んでいること、いやな言葉は、やはりみんないやなんだということ、そんな思いを共有していくのです。教師が一方的に教え込むのではなく、子ども同士で気づかせることで、強く子どもの心に残ります。強く、温かい関係を築く言葉づかいについて考えるきっかけになるのです。
　最後に、教師は、子どもたちが集めた言葉を集計して目立つところに掲示しておきます。

活動後の子どもたちの感想

　「おはよう」という言葉が出たら、自分も「おはよう」と言いたくなりました。「楽しいね」という言葉が出たら、「そうだね」と言いたくなりました。また、「なくしたい言葉」のときは、自分が言われたような気持ちになりました。

　なくしたい言葉の中で、私は、「この世から消えろ」という意味の言葉は言われたくありません。いくらなんでも、「死ね」は言わないでほしいです。あふれさせたい言葉は、何個あっても、困りません。逆に、たくさんあったほうがいいです。

　あふれさせたい言葉を聞いたときは、ホッとしました。けど、なくしたい言葉を聞いたときは、「ガーン」というぐらい、いやな気持ちになりました。ホッとした言葉は、「天才」「すごい」です。「ガーン」とした言葉は、「死んで」「アホ」「ドジ」「消えろ」です。ガーンとした言葉は、この世からないほうがいいです。でも、言うだけでなく、実行しないと意味がないです。ホッとする言葉は、何千回、何万回言っていいけど、ガーンとする言葉は一回も言ってはいけないと思います。

　私たちの班では、「ありがとう（4人）」「すごいね（4人）」でした。なくしたい言葉では、「死ね（4人）」「バカ（3人）」「消えろ（3人）」でした。私は、班の人の考えを見て、同じことを思っていたりすることもあるんだなと思いました。他の班の人の意見を聞いて、あふれさせたい言葉には、すべての班の人が、「ありがとう」と書いていました。「ありがとう」という言葉は大切なんだなと思いました。
　これからは、ちょっとしたことで、「ありがとう」を言うようにしたいです。ちょっとしたことで、すぐに怒ったり、けんかしたりするのをやめたいです。だから、気をつけます。みんなが言われたい言葉を使えば、

みんなも、もっと優しくしてくれると思うので、言われたい言葉ばかり使いたいです。

　友達と話し合っていく活動によって、自分の思いが広がったり、深まったりすることがわかる感想だと思います。

> 掲示物は頻繁に使う

　あふれさせたい言葉となくしたい言葉を掲示するだけでも効果はありますが、やはりだんだんと、子どもたちの言葉に対する意識は薄れていくものです。それを防ぐために、繰り返し何度も掲示物を使っていきます。使い方を3通りほど紹介します。

①朝、1日の目標を立てさせるとき
『後ろの掲示物を見てください。今から、今日必ず使う「あふれさせたい言葉」と使わないようにする「なくしたい言葉」を決めましょう。』

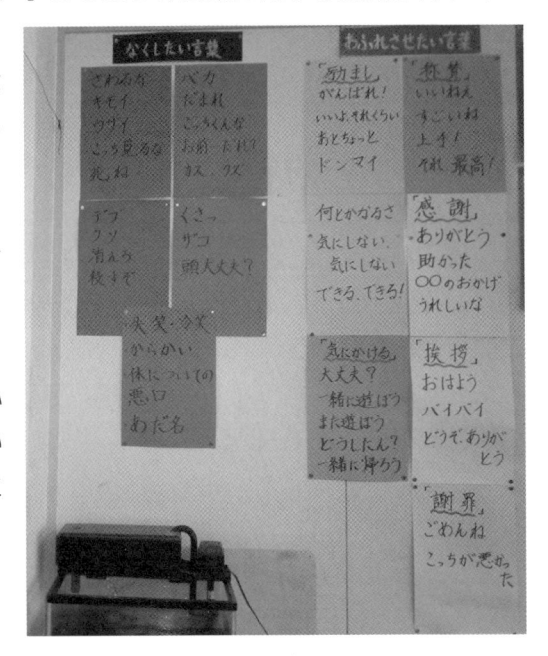

②授業中に使うとき
『今の体育の時間、どんなあふれさせたい言葉が聞こえましたか』
『今、〇〇さんが言った言葉は後ろに貼ってある「あふれさせたい言葉」ですね。〇〇さんのおかげでみんなが良い気分になりました。学級目標にも近づきました。みんなで〇〇さんに大きな拍手をしましょう』

③帰りの会で使うとき
『今日、友達が使った「あふれさせたい言葉」は何でしたか。1分間考えてから発表してください』

　教師が日頃から掲示物を頻繁に使うことで、言葉に対する意識が強くなっていきます。子どもの方から、「今、Aさんの言った言葉、あふれさせたい言葉だ」などが出てきたら、意識が強くなったといえるでしょう。

◻ 考察
「あふれさせたい言葉、なくしたい言葉」の実践は、豊かなコミュニケーションで子ども同士をつなげていくために、初期段階で必ず行うものです。言葉というものは、大変力をもっています。一瞬にして、相手とつながることもできるし、関係を断ち切ることもできる諸刃の剣です。言葉の持つ力を、子どもたちに理解させることで、子どもの意識が一つになるような気がします。それが子どもたちのコミュニケーションを温かいものにしていく第一歩だと思います。
　また、「あふれさせたい言葉」と同じように「一年後に言われたい言葉・言われたくない言葉」も指導し、掲示します。コミュニケーションによって望ましい考え方や行動を年間を通じて子どもたちに促し続けます。

第7章 成長を支える「教室環境」

福岡県久留米市立日吉小学校
谷川康一

「ことば」を大切にし合う学級をつくるため。一人ひとりが自分らしさを発揮し、成長し合って創っている状態を加速させるためのものです。

1 「教室環境」のねらい

「教室環境をどのような考えで行っているのか」という問いに対し、菊池先生は、「『ことば』を大切にし合う学級をつくるため。そのような学級を一人ひとりが自分らしさを発揮しながら目指し、成長し合って創っている状態を加速させるために行っている」と、述べています。

私は学生の頃から現在に至るまで、菊池学級を何度も参観し、菊池道場で学び続けています。前章までに述べられていた、授業場面での対話指導、成長ノートやほめ言葉のシャワー等の学級づくりに関する指導は、毎回の道場で学び続けていますが、それ以外にも気になるものがありました。それが、教室環境です。

私はこれまでに、子どもたちの図工の作品や学習成果物をただ貼るだけでした。それらは、学年で揃えたり、学校全体で合わせたりといった、言わば「無目的」に行っていました。

しかし、菊池先生は、子どもたちを戦略的に成長させるために、教室環境においても、明確な意図をもってされていることを感じていました。

年に3度ほど菊池学級を訪問した時期もありました。訪問するたびに変わるものや増えるものがあり、菊池学級は"子どもの成長とともに、教室が動いている"といった感じを受けました。

子どもの成長を、1年間を見通した上で戦略的に指導されているから、環境にもじわりじわりと"進化"が起きているのではないかと感じます。

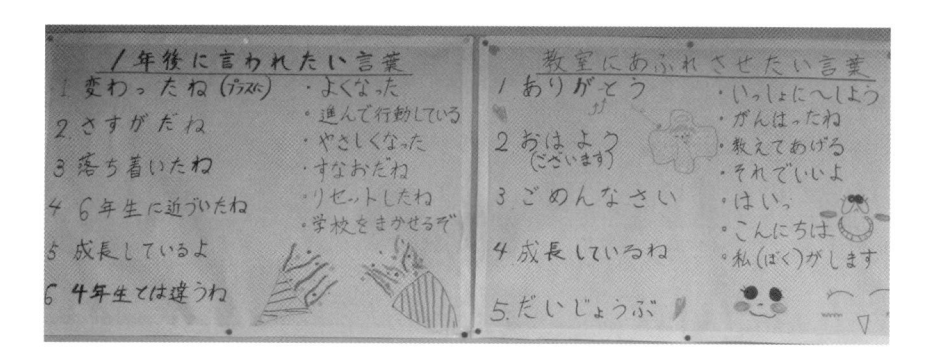

2 「教室環境」の概略

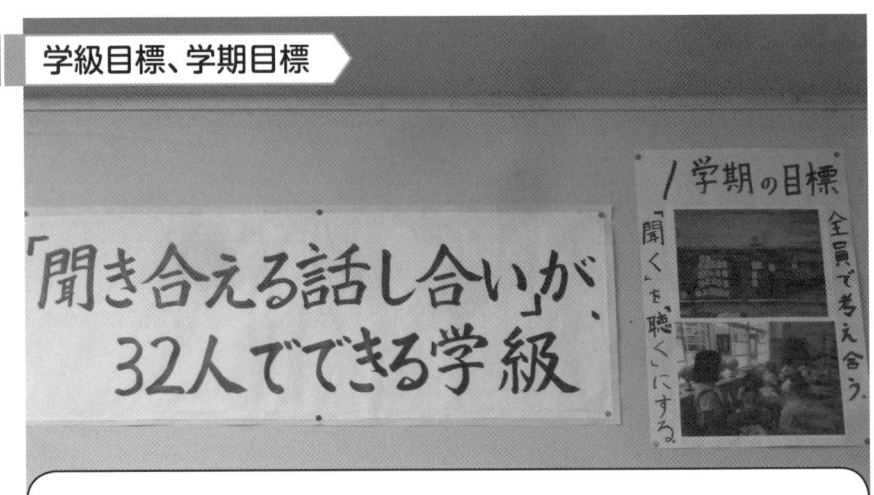

学級目標、学期目標

年間にわたる長期の**学級目標**と、各学期における中期の**学期目標**を掲示しています。キーとなる場面で活躍します。学習面と生活面の２つを掲示しています。

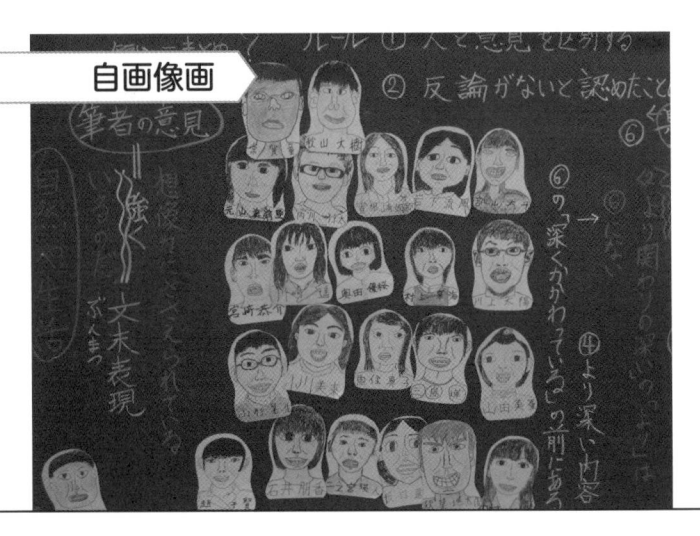

自画像画

「あなたはこのクラスの大切な一人ですよ」と自覚させている**自画像画**です。話し合い学習などで活躍します。

成長年表

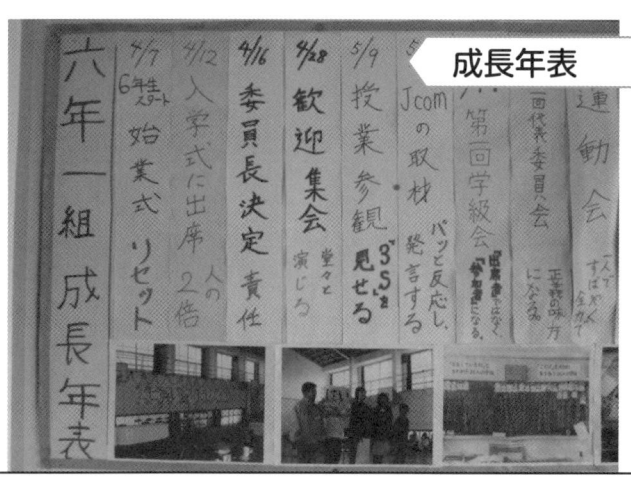

成長年表とは、4月の始業式からの学級の成長の足跡を残す年表のことです。「非日常」を成長のチャンスととらえ、キーワードとなる価値語をセットにして貼っていきます。

価値語モデルのシャワー

係活動

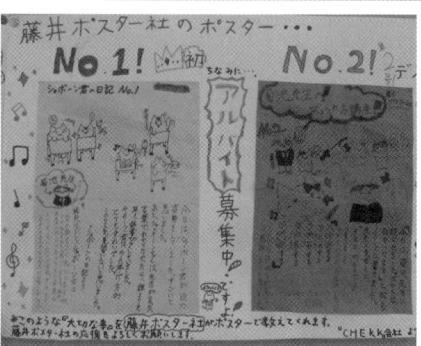

望ましい行為を「見える化」している「**価値語モデルのシャワー**」。教室内に掲示して常に子どもたちに意識させています。

係活動は、自分らしさを発揮させる場として位置づけています。活動内容は相当な「自由度」を保障しています。

3-1 言葉と子どもをつなぐ「学級目標」

◻︎「学級目標」のねらい

　研究授業や学習参観などで、教室を見てみると、多くの場合は、前面の黒板の上に次のような学級目標が掲げられています。

　「みんななかよし」　　「えがお」
　「ハーモニー」　　　　「飛翔」

　子どもたちがみんなで考えた言葉や、教師が好きな言葉を掲げることも１つの方法としてあるかも知れません。しかし菊池道場では、学級目標というものは、１年間を通して、教師と子どもたちで大切にしたい「キーワード」だといいます。何かを達成したときや何かトラブルが起こったときなど、ポイントとなる時に立ち戻るための「合言葉」であるということです。

　そのために、まずは１年間を見据えて、教師がどんな学級を作っていきたいかを考え、子どもたちと出会ったときに伝えましょう。教師の想いを聞くことで、子どもたちは教師のそれらに沿った１年間の目標をつくっていくはずです。

◻︎ 指導のポイント

①学級目標は学習面と生活面の２つを、教師が中心となってつくる

　菊池学級には２つの学級目標があります。学習面と生活面の年間目標です。菊池先生も最初は１つだったそうですが、コミュニケーションを重視し始めた20年ほど前から２つに分けて掲示しています。その理由は、小学生のコミュニケーション力は、学級経営と同時進行で伸びていくものだと考えているからです。

　決め方は、「どんな学級にしたい」などと、子どもたちに丸投げして、話し合って決めるような従来の方法ではなく、子どもたちと相談しながら、教師が中心となって決めていきます。

②学習面の決め方は教師から発信する

　菊池先生は「コミュニケーションを重視した授業を作りたい」という思いから、まずは子どもたちの様子を見ます。できているところ、できていないところを子どもたちに伝えていきます。

　数週間後、子どもたちに「どんなことを頑張りたいか」を聞いたら、菊池先生がそれまでに指導したことを頑張ろうと書きます。菊池先生は「それってこういうことだよね」と、ある言葉で整え、子どもたちが納得するかたちで決めています。

傾聴力を鍛え合う 32人の学級

この学級では「傾聴力」という言葉で整え、学級目標に掲げた

③生活面は「一年後に言われたい言葉」を年間の目標にする

　生活面については、子どもたちが1年間成長していくことを見据えた中で、「一年後に言われたい言葉」や「教室にあふれさせたい言葉」の中から上位のものを入れて決めていくことが多いです。

「ありがとう」と言われる 32人の学級

生活面の目標には、子どもたちのいちばん好きな言葉を入れた

④「〇人の学級」と意図的に人数を入れる

「□□できる学級」ということばの前に、学級の人数を入れ、「〇人の」としています。このように数字を使い始めたのは、4、5年ほど前からだそうです。「□□できる学級」よりも「□□できる〇人の学級」というと、一部の子どもだけではなく、どんな子も含めて「全員」ということが意識でき、ひとりも見捨てないということになります。

⑤学級目標に近づくための学期目標をつくる

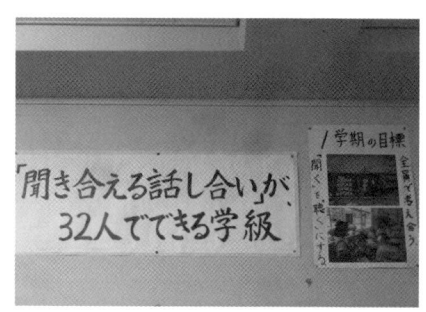

学級目標を長期目標とするならば、中期目標となる学期目標が必要です。なぜかというと、年間目標である学級目標を、一足飛びには達成できないからです。段階を踏んで子どもたちは進化、成長する存在です。そのように子どもをとらえることはとても重要だと菊池先生は考えています。そう考えない多くの教師は、叱る、怒ることが指導の中心となっていて、子どもは育っていません。なぜならば、子どもの可能性を信じていないからそうせざるを得ないからです。また、この中期の学期目標を達成するための短期の目標を決めることもあります。

決め方としては、学級目標を決めた数日後に、「この目標を達成させるためには、まず何を頑張らないといけないと思うか」と尋ねます。これも、年度当初、学期初めから言ってきたことを子どもたちは書くので、それらを集約して学期目標にします。

⑥初期はマイナスをプラスに、中後期はプラスをよりプラスに

　初期の段階は、子どもたちはまだまだ不十分な部分が多いので、どうしてもそこを指導しようとしてしまいがちであり、マイナスの行為にばかり目がいってしまいます。しかし、ある望ましい一言動をとった子を全員に伝え、ほめます。そうすることで、全体に広げることができます。どんなことを頑張りたいかを集めた時に、多くの意見が出たことを学期目標に掲げています。学級が軌道に乗ると、自然とプラスが増えてきます。2学期以降はそれらを取り上げ、より高めようと意図して目標とします。

⑦学級目標を意図的に子どもたちに意識させる

　学習面は授業の前後に意識させる場合が多いです。言葉のかけ方としては、学級目標を指さしながら、

「これに向かってやろうとするのだよ」

「今行ったことが、これにつながるのだよ」

というように、学級目標をつなぎます。

> **1学期に達成すること**
> 1.「ぼく/私がします」と言う。
> 2. 人のマイナスを言うより自分が2倍プラスをする。
> 3. 書いたこと話したことはする。
> 4.「成長のため」と考え行動する。
>
> **2学期に達成すること**
> 1. 言葉と行為を一致させる。
>   ① 価値語を増やす。
>   ②「まあまあ」をやめる。
>   ③「いつでも、どこでも、一人でも」する。
> 2. 自分からチャンスをつかむ。
>   ① 発言せよ！
>   ② 群れるな！
>   ③ 挑戦せよ！

　生活面では、トラブルが起こった時や何か達成した時に、
「今やったことは、これと違っているよね。」
「今やろうとしたこと、やったことはこれに合っているよね。」
というように、常に目標を意識させます。教師が、子どもたちと目標をつなぐように心がけています。

◻ 考察

　菊池先生が考える前面掲示は、「つなぐ」がキーワードだと強く感じました。その意味は、教師が学級目標という大局を示しながら、子どもたちの状態をそことつなぐことでもあり、子ども自身が自分と目標をつなぐことである、と感じたからです。

　私は、担任する学級が決まるとともに、子どもたちと直接出会わないまま、どんな学級にしたいか、どんな1つのキーワードで1年を過ごそうかという漠然とした思いをもっていました。また、低・中学年を担任する機会が多く、子どもたちに学級目標を覚えてほしいという思いがあ

りました。具体的な例を挙げると、「パワーアップ！」「CHA!CHA!CHA!(Chance! Challenge! Change!)」というものでした。その横に、学校教育目標に即した重点目標を掲げていましたが、正直に言いますと、子どもたちは、その「合言葉」は覚えていても、本来大切にすべき重点目標は、全員が覚えているとは言い切れません。

そうした中で、
「どんな学級にしたいか」
と問いながら、子どもたちの意見を束ねつつ、私の思う言葉へと誘導していました。

やはり、教師が「こんな子どもを育てたい」「こんな学級集団を創りたい」「こんな授業を創り出したい」といった強烈な思いがなければいけないのだと痛感しました。

子どもたちに問い続けながら、1年間を見通して、「〇人全員」を意識し、言葉にこだわる目標を作ろうと考えました。そして、いつでも立ち戻ったり、進化を支えたりできる学級目標にしたいと考えました。

3-2 「自画像画」を学習で活用

◻ 「自画像画」のねらい

　学級目標を掲げると同時に、子どもの写真や手形、自画像画を学級目標の近くに貼りつけていることを多く目にします。これまで私も、学級目標の周りには、子ども一人ひとりの顔写真を掲示していました。

　しかし、菊池先生は顔写真でも手形でもなく、子どもの名前が入った自画像画を掲示しています。それだけではなく、黒板の上にある学級目標には貼りつけず、自画像画の裏にマグネットをつけ、黒板に貼っています。そうすることで、ただの掲示ではなく、授業や活動の際に、効率よく使うことができるという利点があります。

📖 指導のポイント

①自画像画がいい理由を教師自身が把握しておく

　自画像画のねらいとは別に、菊池先生が自画像画にこだわる理由は、次のとおりです。

・写真や手形よりも自画像画は温かみがあり、柔らかい感じがするから
・写真やマグネットでは後ろから見えづらいが、指導して作らせる自画像画であれば、後ろからでも見えるから
・一人ひとりの意見や考えを大事にした学習を、一年間の学びの中心にすることができるから
・授業中、その都度名前を書かなくてすむという良さがあるから

　このように、学級目標もそうですが、掲示を単なる"飾り"とはせず、"活用する"ものだと教師自身がしっかりと想いを持っておくことが大切です。

②自画像画のよさを子どもたちに伝えてから描かせる

　前述したことを子どもたちに伝えていきます。しかし、そうは言っても、自画像画を活用する経験のない子どもたちにとっては、理解することに苦労します。ですから、自画像画を描き始める前は、子どもたちに活用する方法をある程度は説明し、それらの価値をほのめかす程度です。

　徐々にわかってくることなので、「この自画像画を一年間使うからね」と伝え、丁寧に描くように指導しながら描かせます。

　ある時期は、自画像画の裏側に４つのことを書かせていました。
　①立場をズバリと決める
　②理由を絞りだす
　③聴き比べる
　④潔く変わる

　なぜならば、話し合い学習に参加する上で重要なことだと考えてい

たからです。もちろん今でもそう考えていますが、今は言葉だけを書かせるようなことはしていません。その理由として、子どもたちにそれらの言葉をただ教えるだけでなく、その言葉の意味を、体験を通して学ばせている方が価値の高いものだと感じているからです。

③耐久性に優れたもので自画像画を描かせる

　自画像画は画用紙ではなく、４等分した大きさの白表紙を使っています。その理由は、この自画像画は一年中活躍するものであり、画用紙よりも耐久性が優れているからです。耐久性にこだわり、ラミネート加工をしようとする方もいますが、それでは蛍光灯で反射してしまい、見えづらくなることもあります。その他に気をつけることとして、水彩絵の具やマジックで色づけしてしまうと、濃くなりすぎるので、サインペンと色鉛筆を使います。

④実際に活用し、子どもたちにその効果を体感させる

　結局のところ、教師が子どもたちに意図的に活用させないと、黒板に貼る自画像画も、単なる"飾り"になってしまいます。自画像画を活用した授業を組み立てていくと、子どもたちの授業への参加度が明らかに違ってきます。右の写真のように、教室がダイナミックに動く感じがします。

　教師が子どもたちに発問をし、立場を決めさせるような授業を仕組むことができる"自画像画"をつくることで、従来の教師主導の一方通行の授業から脱却できます。授業の中でも子ども一人ひとりが「個」としてしっかりとしてくると実感することができます。

🗒 考察

　菊池学級は一人ひとりがこの学級の大切な一人であるということを、ただの掲示物として自画像画を置いておくのではなく、それを授業でも活用することで、自覚させていると感じました。

　1つ1つの授業で作る黒板は全員で作ったものだとしても、子どもたちにとっては、発言していないまま1時間を過ごすことも多いかもしれません。

　しかし、自画像画を授業や活動で活用させることで、全員参加を保障していると考えました。私も全員参加を可視化させた授業を作ろうと考えました。

3-3 「成長年表」で成長のあしあとを残す

◻ 「成長年表」のねらい

　菊池学級の背面には「成長年表」というものがあります。一般的にいうと、生活ごよみや一年間のあしあとのようなものです。しかし、多くの場合は、行事が終わった後に掲示する物が多いです。

　菊池学級では行事の前に短冊を貼り出しています。そうすることによって、見通しをもって行動することができるとともに、その活動の核となる言葉を通じて、学級のレベルを上げることができるようになります。

指導のポイント

①成長のポイントとなる非日常を年表にする

　毎年、菊池学級は「成長」がキーワードです。「リセット」して「Ａの道」に進むことも、日々「成長ノート」を書き続けさせることも、「成長」がキーワードです。菊池先生は、行事というものは、"非日常"だと言います。非日常の出来事が、特に成長の大きなポイントになるはずであると考えています。

　非日常は、日常指導していることの力試しの場として活用するチャンスととらえるべきだと菊池道場では話しています。それにもかかわらず、多くの場合は教師の逃げ道となっており、子どもたちの成長のチャンスととらえることができていません。

　１つの行事を達成したことによって、次の成長の目標が見えてきます。それを言葉とともに効果的に次に残していくことで、一年間の成長を振り返ることができるから"成長年表"としています。

②年表に貼りつける「短冊」には３つのことを書く

　年表は模造紙に直接書き込まず、色画用紙で作った短冊に書き、それを貼ります。おもに、短冊には非日常となる学校行事を書き込みます。また、学級独自の取り組み(参観者がいらっしゃった、など)も入れます。

　短冊に書くことは、「日付」「行事名」「その行事で目指すことの核となるキーワード」の３つです。学級内で取り組んだ挑戦ごとや、みんなが何かを達成したことなど、子どもたちから生まれた成長のポイントだと感じることを貼ることもあります。

　行事が原則ですから、教師が前もって行事を紹介したあとに書いて掲示します。このほかに、教師の想定を超えた場合だけ子どもから出すこともあります。

③教師主導で"合言葉"を決め、徐々に子どもたちに決めさせる
　年度初めの頃は菊池先生が言葉を示し、子どもたちに意識させたいものを入れていきます。菊池先生は、
　「一学期は、子どもと一緒に考えて作り、その後は子どもたちが徐々に作っていくことが理想である」
　と言います。
　割合でいうと、教師6、子ども4です。
　具体的な決め方としては、教師が
「目標を一言で言えば何か」
「この行事で学ぶべきことは何か」
と子どもたちに問い、子どもたちが答えたことを集約し、一つの言葉にまとめていきます。言い換えれば、その行事を頑張るための学級の"合言葉"を決めるようなものです。
　ちなみに、前のページの成長年表の写真には、「4月5日」「(五年一組誕生)」「リセット」ということが書かれています。これについては、4月の第1週、新年度が動き始めてすぐに子どもたちに紹介します。「成長年表をつくるよ」と、子どもたちに伝えたと同時に貼りだしています。

④成長年表に書く言葉は、目標とする言葉を書く
　成長年表は、前もって出すから目標とするキーワードであり、3-4で述べる"価値語モデルのシャワー"は子どもの行為を価値づけしたものです。客観的に比べると、価値語モデルのシャワーは若干言葉が長くなります。
　子どもたちは、その言葉を目標に頑張っているのですから、その頑張る姿に価値のある姿が現れた時に"価値語モデルのシャワー"として掲示します。成長年表の言葉と、価値語モデルのシャワーの言葉が重なることもあると考えることができます。

⑤写真も貼りつけて、成長のポイントを「見える化」させる

　それぞれの行事写真は、成長のポイントを残すという意味で、その行事が終わってから年表に貼っていきます。スペース上、全ての行事写真は入りません。ですから、成長のポイントだと思う写真を掲示しています。

⑥成長年表で振り返りをする

　本書の第４章に書かれた「成長ノート」を使用し、目標が達成できたかをふり返りとして書かせます。また、学期の終わりにも必ず行います。

　菊池先生は、１年間を見据えた上で子どもたちを指導しているのだから、年度末の子どもたちの姿は、成長した姿だと言います。その進んだ道を「Ａの道」とするならば、その歩んだ道は過去と比べないとわかりづらいはずです。

「過去頑張ったから今の姿があるよね」
「今の姿があるのは、これがあったからだよね」

というように、過去と比べながら、「Aの道」に進んでいることを確かめ合っていきます。

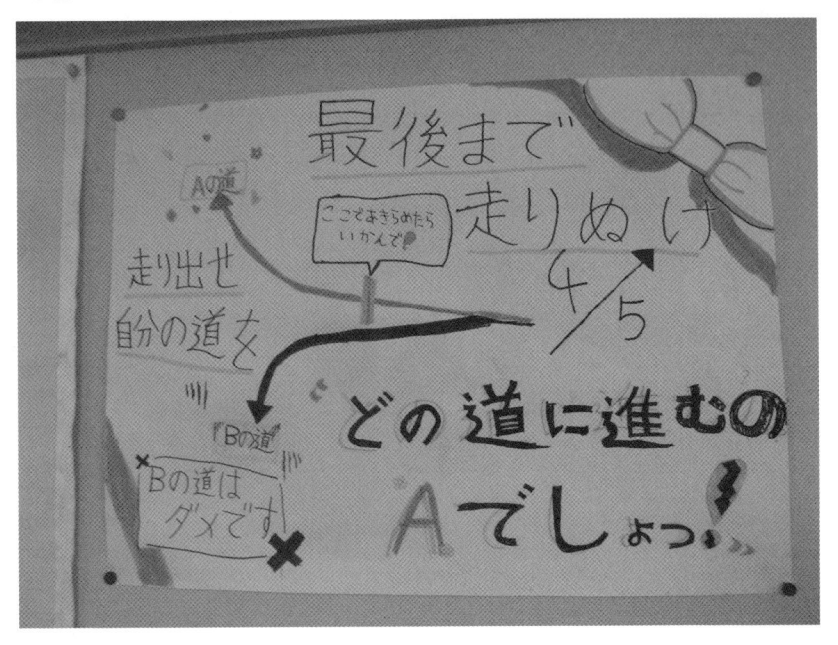

☐ 考察

価値語モデルのシャワーを"日常"から価値づけするものとするならば、成長年表は"非日常"から言葉を核として、価値を生みだすものであると感じました。

今まで私の学級では、一人ひとりに"行事のめあて"を書かせ、個々のめあてについて振り返らせていきました。その振り返らせ方も、めあてとはかけ離れた"行事の感想"程度にすぎませんでした。「非日常」という場を積極的に生かそうという発想が弱く、菊池先生のように、前向きな教師の姿勢が必要だと考えさせられました。

学校行事というものは、集団で取り組むものです。1つ1つの行事を"点"で考えるのではなく、「合言葉」を作って残し、点と点を紡ぎながら"道"にすべきだと考えました。

3-4 「価値語モデルのシャワー」で望ましい行為を増やす

❑「価値語モデルのシャワー」のねらい

菊池道場に集う先生方から、学校現場の声を聞いたことがあります。その内容は、
「何をほめてよいかわからなくなるときがある」
「何回言っても、子どもたちには伝わらない」
などです。

菊池学級には、教室の側面に「価値語モデルのシャワー」という掲示物があります。これは、ある子どもの望ましい行為や学習の事実を言葉とともに掲示して可視化させているものです。

これをすることによって、非言語のよさや友達関係の望ましい行為を全体に広げることができます。

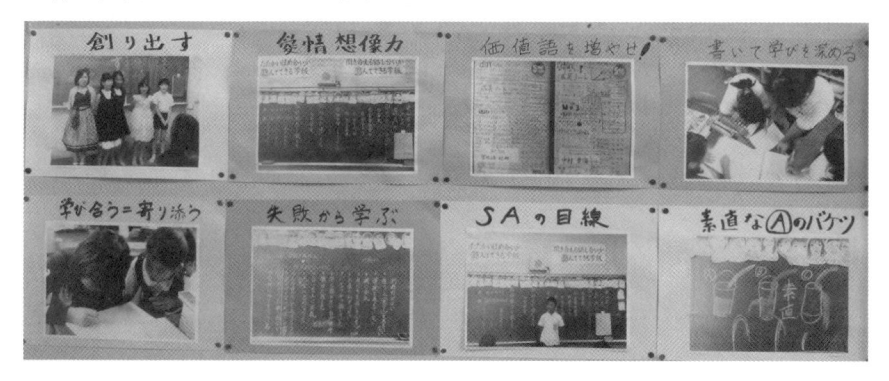

❑ 指導のポイント

① 3つのタイプを意識して写真を撮影する

菊池先生は、「価値語モデルのシャワー」に掲示するものとして大きく3つに分けることができると言います。

1つ目は「全員に入れたい重要な行為」です。例えば、定番となりつつある"一人が美しい"という類がそうです。写真のように、友達

と群れずにやるべき行為をきちっと行う子どもの様子を写真におさめて示します。

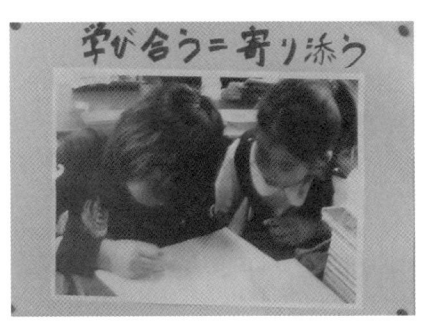

　2つ目は、「非言語の良さや、友達関係の美しさ」です。右の写真のように、"学び合う＝寄り添う"という類がそうです。
「こういった行為をたくさんの子どもたちができるといいな」
「こういった話し合う姿が教室に増えるといいな」
と、教師が思う子どもたちの様子を写真にします。
　3つ目は、「教室の事実」です。"白い黒板"や"素直なAのバケツ"など、授業のあしあとを掲示します。「あの時、この授業したよね？」と、子どもたちに意識してほしい授業を可視化させます。

初期は子どもたちに広めたい価値をねらって教師は写真を撮ります。そうして撮っている中で、徐々に"いいな"と直感的に思った時にも撮るようになってきます。

②まずは教師から価値語を子どもたちに与える
　いきなり"価値語を作ろう"と言われても、なかなかできません。まずは、教師が子どもたちに大事にしてほしい言葉を用意しておく必要があります。
　菊池先生が掲示している価値語モデルは、学習規律的な言葉や学習用語もあれば、書籍やネットから得た四字熟語、格言、名言などから、子どもたちに入れたいと考えた価値を教えることもあります。
　そうしているうちに、子どもたちがだんだんわかってくるようになり、子どもたちに考える時間を与えることで、以降は子どもたちが写真の価値を自分たちの言葉でつけていくことができるようになっていきます。

③子どもたちに紹介して掲示する
　基本的な流れとしては、写真をプリントアウトして色画用紙に貼り、価値語を子どもに書かせて提示します。
「こういう姿がいいよね」
と言って、そこに写っている子の姿をほめます。
「こういう姿が、みんなに広まるといいね」
と言って、掲示します。教室内には、常に10枚程度掲示しています。そうすると、友達のよいところを同じようにまねしようとする子が出てきます。
　例えば、ある時のほめ言葉のシャワーの際、温かいまなざしで友達を見ていた様子を写真におさめて、次のページの写真のようにスーパーAの目線＝SAの目線と掲示していたとします。またある時に、同じような目線をしていた子どもに対して、

「それも SA の目線だよね」
と言って、まねしようとした子の行為をほめます。それを続けると、お互いのよさをまねし合って、みんなで伸びていこうとする雰囲気が教室の中に広がってきます。また、いい意味の競い合いが始まります。
　年間を通じてこういう指導をしていくと、価値語モデルは 100 枚ほどになります。さすがに教室に貼りきれないので、月に 1 度程度のペースで貼り替えています。そうしていく中で、例えば「学習規律月間」というようにし、身につけさせたい学習規律として、全員の子どもたちに入れたい価値を掲示するようにすることもあります。
　しかし、よさを言葉とともに価値づけ、どんどん示していくと、どうしても総花的に羅列してしまうことになるので、意図的、計画的に「○○月間」として貼っていくことが今後の課題であると菊池先生は言います。

④年度初めの時期に掲示するもの、菊池学級定番の価値語モデル

　年度初めの時期は、「行動や物を整えること」や「美しい身の振る舞い方」など規律系のものを掲示します。「整理整頓」の「整える」に合った行為です。

　また、菊池学級における定番の価値語モデルとして、ここ数年は、「教え合い、学び合い」「一人が美しい」「傾聴力」などがあります。

　友達と関わる力、群れないで一人でもいられる力、傾聴する力など、最近の子どもたちが決定的に弱くなっていると思うものを定番にしていると菊池先生は言います。

⑤一部の子だけをほめないで、教室内に広める方法

　教師と子どもとの関係、つまり縦糸をしっかり紡いだあとに掲示し始めます。縦糸をしっかりと紡がないまま掲示をすると、「何であの子だけ」というような妬みが生じてしまいます。

　また、子ども自身が意識して頑張っているところをカメラで撮る場合もあります。多くは自覚して行動していることではなく、無自覚的なよさを"可視化"させ、ほめて広めようと考えて行っているから、みんながそれを素直に認めようとすることができます。

　もちろん年間を通して、ある一定の子どもたちだけにならないように配慮すべきです。

⑥「価値語モデルのシャワー」の掲示後の活用はこうする

　教室内に掲示後、1年間は教師が保管します。価値を改めて提示したいときは、もう一度示すこともあります。そして、基本的には年度末に成長の記念として、子どもたちに渡します。

　また、次に担任する学級にも広めたい姿、他校にも広げたい望ましい行為については、教師が次年度以降にも使うことがあります。

◻ 考察

　私はこれまで低・中学年の担任をすることが多くありました。

　低学年の学級においては、写真を提示した後、この姿のどんなところがよいかを伝え、それを川柳という形にして掲示してきました。姿勢に関しては、「ぴんぺったん　合わせて添える　心の手」「書いた後　姿勢で合図　『できました』」というようなものです。

　また、中学年の学級においては、ある写真を見せて、どんなところがいいかを子どもたちに考えさせたあとに、子どもたちに伝えたい価値の高いと思う四字熟語や格言をセットにして掲示していました。何がよいと思うか、この写真にどんな価値づけをし、どんな言葉がよいかなどを子どもたちに決めさせていました。

　しかし、子どもたちに任せすぎていたために、一段高い価値ある言葉がなかなか出てきませんでした。菊池道場で菊池先生の話を聞き、言葉を教える必要があることを感じました。

「知恵がないものが知恵をしぼっても、知恵は出てこない」

と言われるように、教師自身がまず学ばないといけないことを痛感しました。子どもたちに言葉を指導して入れたり、子どもたちから出てきたことを束ねるための言葉を教えたりすべきです。

　もちろんこちらから一方的に価値を与えるだけではなく、子どもたちにも言葉を考えさせることをしないといけません。そのバランスが重要だと感じました。「価値語モデルのシャワー」の作り方を見直そうと強く考えました。

3-5　自由度を保障する「係活動」

❏「係活動」のねらい

　子どもを学級目標に近づかせるために、係活動があります。しかし、「生き物係」は生き物の世話をする、「遊び係」はみんなで遊ぶ日と遊ぶ内容を決めるなどといった「定番」の活動ばかりが目立ちます。また、係活動と当番活動を混同しているような学級もあります。こうなると、子どもたちにとって楽しくない活動になってしまいます。こうなると、教師主導で行う係活動になり、子どもたちのやる気や意欲をますます失わせてしまいます。

　相当な自由度を保障し、本来一人ひとりの子どもがそれぞれ好きなことを"係"として活動させることが大切です。そうすることによって、自分らしさを発揮させていきます。そして、その学級だけの学級文化をつくることへとつなげていきます。

◻ 指導のポイント

①菊池学級の決め方は、「一人一係」を目標に

　係活動を決める際に、今まで経験してきた係活動を出し合うこともありますが、菊池先生は子どもたちにこう問いかけます。
「あなたたち、バラエティなど見ているでしょ」
「TV番組の中にヒントはない？」

　そして、子どもたちに好きなことをたくさん出させます。また、
「先生の前の学級には"朝の挨拶隊"があったぞ。」
などといい、教師からもアイデアを与えることもあります。10の係が出たならそれらを黒板に書き、もう一回話し合わせた上で、10の係を15の係に増やしていきます。

　本当に好きなことを出させるくらいまでくり返し話し合わせ、"一人一係"になるくらいまで出させます。そうした中で、自分は本当に何がしたいかを決めさせ、「○○さんと同じに」といった群れをつくらないように係を決めていきます。

　また、学期の途中から新しい係を作ってもいい、必要があれば掛け持ちをしてもいいというくらいの自由度を保障しています。

②係活動がマンネリ化したり、活動が停滞したりしない方法

　係活動がマンネリ化したり、停滞したりするということは、「自分らしさを発揮してよかった」という経験が足りないからです。

　係活動は自分らしさを発揮できる場だということを教え、自信が安心を生み、安心が自信を生むことができるようにしておくと、自発的に動き出します。また、初期の段階では毎週1回程度、朝の活動で係活動の時間を保障します。月に1回は、特別活動の時間で行います。子どもたちが軌道に乗れば自然と休み時間や自宅でもやり始めるようになります。さらに、「掛け持ち制度」や「バイト制度」を取り入れることで、社員を増やしていくこともしていきます。また、何かを成し遂げたら○印をつけるということもします。

このように、時間の確保と失敗感を与えないような形で係活動をさせていきます。

③係活動の中で「自分らしさ」にこだわる
　安心して「自分らしさ」を発揮することができると、コミュニケーションが豊かになり、さらに安心することができます。菊池先生は、そこに相当なこだわりを持っています。学級目標を達成する最短ルートになるのかもしれないと考えられ、「自分らしさ」にこだわっているのだそうです。
　係活動は、ザックリと言えば、自分の好きなことをしてもいいのだから、自分らしさを発揮しやすい活動です。
　しかし、そうは言っても、子どもたちにとっては「自分らしさ」を発揮することは簡単にはできません。菊池先生は子どもたちが「自分らしさ」を発揮してくるまでは、基本は「待つ」というスタンスです。多くの場合は、自分らしさを発揮してよいという経験がないから出にくいものだとわかっているからでしょう。
　しかし、ある子が「自分らしさ」を出すようになると、
「これもやっていいんだ」
「これなら私もやってみよう」
と刺激を受け、「自分らしさ」を発揮できるようになってきます。
　それでも、なかなか「自分らしさ」を出すことができない子どももいます。そういうときは、教師が丁寧に説明したり、その子とかかわったりしながら、一緒に係活動を行い、徐々に「自分らしさ」を発揮できる楽しさを味わわせていくことが大切です。

④係紹介のポスターに書かせていることは３つ+α
　大きく分けて、３つのことを画用紙に書かせています。
　１つ目は「係名」、２つ目は「メンバー」、３つ目は「仕事内容」です。
　１つ目の係名は「○○係」という従来のものよりも「○○会社」とネー

ミングさせることで、より楽しさを増すことができます。
　2つ目のメンバーには、社長、社員、バイトというように役職を子どもたちで決めさせます。
　3つ目の仕事内容は、自分らしさを発揮できているものか、みんなが楽しめるかという視点で書かせます。
　そして、イラストを描かせたり、ポスターそのものをデザイン性の高いものにさせたりしています。画用紙の使い方もただ長方形のまま書かせるのではなく、その係らしさが表現できるように切り貼りさせると、さらに子どもたちは係活動に対して愛着が湧いていきます。

⑤菊池学級における各係の具体的な活動の紹介
　ここでは、菊池学級が行う係活動について紹介します。係活動は、主に新聞やポスターづくり、ミニ集会を行っています。
　新聞は、子ども同士でとったアンケートを集約したものや子どもたちの中で関心が高いものを新聞にしています。

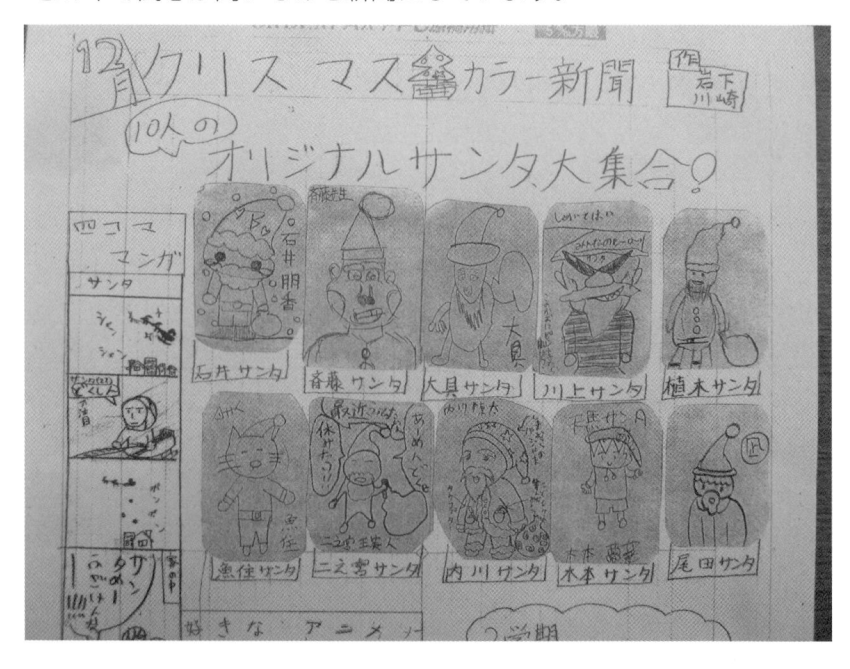

ポスターは菊池先生が子どもたちに話したことをまとめたものなどがあります。そして、そのポスターはそのまま、掲示板に貼られます。

　また、ミニ集会とは、45分間の1単位時間ではなく、朝の活動や休み時間等を使った20分程度で行える短い時間の全員参加型の集会のことです。ミニ集会は、その時の様子を写真に撮り、"価値語モデルのシャワー"として言葉をセットに掲示することも多いです。短時間で終わらないといけないので、協力し合わないと成功しないしかけがあります。

☐ 考察

　私は今まで、「学級目標を達成するためにどんな係があるといいか」と問いながら係活動を作っていました。多くの場合は、子どもたちが経験した中からしか出てきません。だから、10個にも満たないような数少ない係活動になってしまっていたのではないかと考えます。

　菊池学級の係活動から学んだことで、私はNHK『プロフェッショナル　仕事の流儀』（平成24年7月放送）で放映された、生き物が大好きなOくんが、いきいきと「自分らしさ」を発揮できていた映像が蘇ってきました。係活動とは、「自分らしさ」を保障するための「学級文化」であると実感しました。

　毎年訪ねる菊池学級の子どもたちが、生き生きと子どもらしく成長している秘密の1つに、この係活動があると思います。菊池先生は、「係活動の時間にします」と子どもたちに話すと、大きな歓声が上がると話されていました。なんとなく分かる気がしました。

　菊池道場において、菊池先生からいただいた2つの言葉を思い出しました。

　1つは、
「特別活動の充実が、子どもたちの学校生活を支える土台」
という言葉です。子どもたちを重層的にとらえる指導観が必要だと改めて感じさせられました。

　もう1つは、
「知的で、無邪気なほんわかとした温かい学級にする」
という言葉です。どんな子どもたちも成長させるために、言葉で学級を整えるとともに、どんな子どもたちにも「自信」と「安心」をもたせるような「自分らしさ」を発揮させる場を与えています。

　教室環境を、単なる"掲示物"で留めるのではなく、子どもたちの成長の支えとして示すという強い教育観が必要だと深く感じました。

第8章

教師の心得5

　ここでは、私たち「菊池道場」が、教室の中で特に心がけている5つのことを書いています。子どもたちを指導する中で、どれも大切なことだと考えています。

1 失敗感を与えない

　どの指導をする時もそうですが、子どもたちに失敗感を与えないということは大切です。
　もちろん失敗から学ぶということもあります。
　しかし、自信のない子どもにとっては、みんなの前で失敗するということは大きなショックをうけることにもつながります。そして、そのようなことが続くと、まちがいを恐れ、進んで友達とかかわることのできない子どもに育ってしまう恐れも出てきます。
　自分から進んで友達とのかかわりをもつということは、コミュニケーション力の土台の土台です。
　子どもたちに失敗感を与えないような工夫を心がけましょう。
　①まずは成功体験を多く積ませる
　　私は、特に1年間の最初のうちなどは、子どもたちに多くの成功体験を積ませることを心がけています。例えば
・誰でも答えられるような簡単なことを尋ねて、発表させる
・まず自分の考えを書いてから話し合わせる
・友達が言ったことを、そのまま言わせる
などのようなことです。誰でもわかっているようなことをあえて聞いてみるようにします。
　　もちろん進んで発表したり友達とかかわったりした子どものやる気を大きく認め、みんなで拍手をするというようなこともします。
　　多くの成功体験を積み、それを学級のみんなから認められ続けた子どもは、きっと何事にも進んで取り組もうとする子どもへと成長していくはずです。
　②まちがった時には、教師のフォローで失敗感をもたせない
　　授業中に発表をさせる際、まちがったことを発表してしまう子どももいます。
　　そのような時には、真っ先に教師がフォローすべきです。

・発表の途中で分からなくなり黙ってしまう子どもが出た場合、関係のないところで教師がつまずくなどです。そうすると、まわりの視線が黙っている子どもから教師に移ります。少しの間ですが、それにより黙っていた子どもの緊張が緩んで話せるようになることがあります。

・発表をした本人も明らかにまちがいに気づいている時など、教師が『ビデオを巻き戻そう』と言って、再度発表させるようにします。ユーモアのある切り返しで、場を和ませるようにします。

・『○○くんのおかげで、みんなの勉強になりました。どんなことが学べたかノートに書きましょう』と言い、一人のまちがいを全員の学びに変えるようにします。まちがったことで全員の学びにつながることを経験することで、まちがいを恐れない気持ちを育てます。

　このように、率先して教師から「まちがっても大丈夫」ということを、言葉や態度で子どもたちに伝えていくようにしましょう。

　そうしたことを繰り返していくことで、子どもたちも、お互いにフォローし合ったりまちがいから学ぼうとしたりするようになってきます。そして、そのような子どもたちの集まる学級は、自信をもって自分らしさを表現し合うような安心した雰囲気になっていくはずです。

2　小さな伸びをほめる

　子どもは「ほめて伸ばす」といいます。
　大人もそうですが、ほめられるとやはりうれしいものです。大人でもうれしいのですから、子どもはなおのことほめられると喜びます。
　しかし、実際の学校生活の中で、教師は子どもたちをどのくらいほめているものでしょうか。また、どのようなことについてほめているでしょうか。「そんなに、いつもほめることはないじゃないのか」このような声を聞くことがあります。このような声を聞くたびに、残念に思えます。
　ほめる視点は見つけようと思わない限り、増えないと考えます。これは、逆に考えると、ほめる視点は見つけようとすると、どんどん増えていくということでもあります。
　ほめる視点の基本は「伸び」をほめるということです。「できた」ことをほめるのではなく、「伸びた」ことをほめるようにします。「できた」ことをほめてしまうと、例えば、テストで100点取った子どもしかほめることができなくなってしまいます。そうではなく、テストの点数の例で言えば、同じテストをして、30点だったのが60点になれば、伸びた分だけほめることができます。
　また、「伸びた」ことをほめるようにしたら、どの子どもでも同じようにほめることができます。
　いくつか例を挙げてみましょう。
　ある男の子の例です。その男の子は毎日の宿題を提出することができないでいました。他の子どもたちは宿題を提出することができているのです。男の子と約束をしました。『一問だけしておいで』と約束しました。次の日男の子は約束どおり、宿題を一問だけしてきました。このようなとき、その男の子をほめることができます。『約束を守ってえらかった』とほめることができます。そして、同じように、また、一問だけしてくるように言います。
　この男の子は次第に宿題をするようになりました。一週間続けて宿題

をしたときに、クラス全員に向けてその男の子をほめました。『○○君は今までは宿題をすることが難しかったが、今は一週間続けてするようになった。○○君は大きく伸びてきた』と。

　小さな伸びができるように、まずは教師が声をかけて、伸びたときにほめるようにするとよいようです。「伸び」に価値があると示します。

　ある女の子の例です。その女の子は学校のルールでは使ってはいけないシャープペンシルを、授業中に使っていました。そのような場面を見たときに、どのような指導をするでしょうか。『シャープペンシルは使ってはいけない』と厳しく叱るでしょうか。その女の子には『鉛筆を使おうね』と言いました。初めはしぶしぶと鉛筆にもちかえていました。それからしばらくして、その女の子が鉛筆を使っている場面を見ました。その女の子の近くに行き『学校のルールを守ってえらいね』とほめました。その女の子がそれで、シャープペンシルを使わなくなったわけではありませんが、次第に、学校のルールに従い、鉛筆を使うようになりました。鉛筆を使っているときには、『えらい』とほめ続けました。

　ある女の子は、「○○ちゃん一緒に遊ぼう」と言って、教室で一人で本を読んでいた友達に、明るい声をかけていました。その女の子の行為は学級を集団に変えていくために価値の高い行為だと、考えることができました。そこで、『友達を誘って、みんなで過ごそうとしていた□□さんは立派です』とほめました。そのクラスの女の子は、□□さんを中心にして、休み時間は元気いっぱい外でドッジボールをしています。

　教師が子どもたちの「伸びた」ことに視点を見つめていくと、ほめることは自然と見つかるようになり、子どもたちは「伸び」ることが価値のあることだと意識するようになります。

　子どもたちはほめられることを願っています。そのほめる要素を見つけるのも、教師の大切な役割の一つだといえるでしょう。ほめることがないと思うのなら、ほめることができるように、声をかけたり、指導をしたりしてみるとよいでしょう。小さな伸びを見つけて、伸びを積み重ねていくことが、子どもの大きな成長には何よりも大切なのです。

3 対話は聞き手を指導する

対話は「対話＝話す×聞く」という公式で表せると言われています。この公式を基にして、話し手と、聞き手が発言する割合は、どのくらいがよいのでしょうか。

話し手と聞き手の発言の量を合わせて10割とすると、話し手＝５、聞き手＝５であることがよいようです。

対話＝５×５＝25が最高値となるように、話し手と聞き手が、お互いに発言をしていくのです。これが理想的な対話のあり方だと考えます。

そうしたときに、友達と対話するには、話すばかりではいけない、聞いてばかりでもいけないということになります。つまり、相手に話をさせることができるような、聞き方をすることが大切になります。

聞き手は、「体を向ける」、「視線を合わせる」、「うなずく」、「笑顔で聞く」、「引用して返事をする」、「質問する」、「ほめる」など、相手に心を向けて積極的な聞き手になることで、話し手が話をしたくなるように、聞く技術を身につけさせていきます。

積極的な聞き手を育てるためには、まず、「うなずく」ことからするのがよいでしょう。話し手が、聞いてもらっていることがいちばん分かる行為だからです。また、いちばん簡単で取り組みやすい行為でもあるといえます。その後で、「視線を合わせる」などの態度面を充実させます。

聞き手が５割発言するためには、「引用して返事をする」、「質問する」、「ほめる」ことをしなくてはいけません。そして、この３つのことができるようになると、対話が活発に行われるようになります。対話の最高値である、対話＝25に近づいていくことができるようになります。

「引用して返事をする」というのは、例えば、

話し手「今日の朝ごはんは、パンと目玉焼きでした」

聞き手「パンと目玉焼きだったのですね」

のように、話し手が話したことを引用するということです。話し手は、自分が話したことを繰り返し言ってもらうことで、聞いてもらっている

ことを感じます。また、聞き手は「引用」して聞くことを意識することで、話し手の発言に積極的に耳を傾けるようになります。
「質問する」というのは、例えば、
話し手「今日の朝ごはんは、パンと目玉焼きでした」
聞き手「パンと目玉焼きだったのですね」
聞き手「何パンですか？」
と質問をします。そうすることで、話し手がその質問に対して、答えるようになります。
聞き手「何パンですか？」
話し手「ジャムパンでした」
聞き手「ジャムパンですか。大きさはどのくらいですか」
話し手「僕の手のひらと同じくらいです」
聞き手「手のひらと同じくらいですか。小さいですね」
のように、つなげさせます。「引用」と「質問」を積極的にさせることで、聞き手の発言の割合が増えていきます。
　「ほめる」という発言行為を増やすことで、聞き手と話し手の間に楽しい雰囲気が生まれてきます。活発な対話につながります。
話し手「今日の朝ごはんは、パンと目玉焼きでした」
聞き手「パンと目玉焼きだったのですね。何パンですか」
話し手「ジャムパンでした」
聞き手「ジャムパンですか。おいしいですよね。いいですね」
のように、ほめていきます。「いいですね」の一言だけでも、入れることで、聞き手の発言の量がさらに増えていきます。
　子どもに聞き手としての技術が身についていくと、対話が活発になります。聞くことを楽しむことができるようになった子どもは、対話を楽しむことができるようになります。そして、話し手を喜ばせることができるようになっていきます。相手を喜ばせることが楽しみになり、相手に心が向いていくようになります。
　子どもたちに活発な対話をさせるためには、聞き手の指導が何よりも大切になります。

4 「2・6・2」の法則を守る

　教師は、クラスが集団としてのまとまりをもち、高まり合い続ける集団に変容させていくために、どの子どもにどのような指導をしていくかを考えていかなくてはなりません。

　集団を意識させるための指導をする際に、どの子どもに指導をしたらよいのでしょうか。教師の言うことに沿わず、集団になじもうとしない子どもたちに目がいっていないでしょうか。そのような子どもたちばかりに、指導をしようとしていないでしょうか。

　クラスの子どもたちを「2・6・2」に、大きく分けることができると言われています。大きく分けたときの割合の数です。それぞれの割合に属する子どもたちの一般的な傾向は、次のようなものになります。

「上の2」と言われる子どもたちは、クラス集団を強く意識し、高まり続けていきたいと、一人で考え続けることができる子どもたちのことです。そのような子どもたちが、クラスには2割はいるということです。

「6」と言われる子どもたちは、集団に対する意識をもつことができるが、周りの友達の考えに引きずられてしまうような子どもたちです。そのような子どもたちが、クラスには6割はいるということです。

「下の2」と言われる子どもたちは、集団に対する意識が低く、自分一人では集団を意識した行動をとることが難しく、友達の考えや行動に対しても、あまり興味を持てない子どもたちのことです。そのような子どもたちが、クラスには2割はいるということです。

　教師が初めに目をつけがちになるのは、「下の2」の子どもたちが多いようです。クラスのルールなどになじめずにいる子どもたちは、どうしても、目に留まります。おもわず、そのような「下の2」の子どもたちばかりを指導をしてしまい、「上の2」の子どもたちや「6」の子どもたちの意欲をそいでしまってしまいます。

　クラスを集団としてより高みに上げていくために大切なのは「上の2」や「6」の子どもたちの意欲や行動です。

そこで、まずは「下の2」の子どもを意識しつつも、「6」の子どもたちが「上の2」の子どもたちに近づくように指導をしていきます。「6」の子どもたちにも「上の2」の子どもたちの持つ考えや行動を強く意識させ、行動させるようにするのです。そのようにして、指導を続けていくと「下の2」の子どもたちも自然と上の方に引っ張られ、集団を意識せざるを得なくなっていきます。「6」の子どもたちを「上の2」の子どもたちに近づけ、「2・6・2」を「8・2」になるように意識します。

　つまり、「6」の子どもたちが、集団としての高まりを意識することができるように、教師は指導をしていかなければならないということになります。「6」の子どもたちを「上の2」の子どもたちに近づけ「8」をつくることを教師は考えていけばよいのです。

　例えば、ある子どもが朝、「おはよう」と友達に挨拶をした場面を見たとします。このような行為は、子どもたち同士がつながりをもった、集団としてつながっていこうとしている大切な場面としてとらえます。

　そこで、教師は挨拶をした子どもをほめます。そして、「おはよう」の一言が、クラスを集団として変容させていくことを話します。「おはよう」という挨拶の行為を価値づけていくのです。

　他にもプリントを配るときに「はいどうぞ」と言って「ありがとう」と返事をし合うことなどもさせます。「6」の子どもたちが「上の2」の子どもたちとつながっていけるように、ほめていきます。「8」になるように、集団としてよいと思われる行為に価値をつけていくのです。
「8」ができてからは、その「8」から集団をさらに引っ張りあげていく、突出していく子どもが現れてきます。その子どもたちのことをSA（スーパーA）と呼びます。SAの子どもたちが現れてくるようになれば、「下の2」の子どもたちは自然と自分たちの行いを振り返り、「8」に引き上げられていくようになっていきます。

　クラスを集団としての高まりを出すためには、「下の2」の子どもたちばかりを指導しようとするのではなく、「6」の子どもたちが「上の2」の子どもたちに近づけるように指導することを守っていけばよいのです。

5　短期・中期の目標を設定して速成指導しない

　多くの学級では、1年間の始めに学級目標を決めていることでしょう。私の学級でも今まで
・傾聴力を鍛え合う学級
・「ことば」を大切に育て合う学級
・「あたたかい話し合い」を大切にし合う学級
などのコミュニケーションを大切にした学級目標を、子どもたちと話し合いながら決めています。

　しかし、ここで意識しておかなければいけないことは、これらの学級目標は1年後の目指す子どもの姿であるということです。
　1年間が始まってすぐの時期に教師から『友達の方に体を向けて話を聞きなさい。学級目標で『傾聴力』って決めたじゃないか。みんなきちんと聞きなさい』などと言われても、子どもたちも、まだまだそのようなことを意識しながら学校生活を送ることは難しいでしょう。
　1年後の姿を見据えながら、スモールステップでコミュニケーション力を身につけていけるようにしましょう。

①常に子どもは変化・発達するものととらえる
　私は「常に子どもは変化する」「子どもは発達するものである」というとらえ方をしています。
　変化・発達していく子どもたちにずっと同じようなことを指導していても、それ以上の成長はのぞめません。特に、コミュニケーション力を育てていこうと考える場合、実際に子ども同士がかかわり合う体験を積み重ねながら少しずつ身についていくものです。
　そこで私は、1年間の目標を決めたら、同時に短期・中期の目標も決めるようにしています。1年後のゴールにむけて、現在の子どもたちの様子と照らし合わせながら、短期・中期の目標を決めるのです。

すぐに成果を求めるような速成指導はなるべく避け、計画的に子どもたちにコミュニケーション力を身につけていくように心がけましょう。
　短期・中期の目標達成を積み重ねていくことにより、少しずつ学級目標に近づけていくことが大切です。

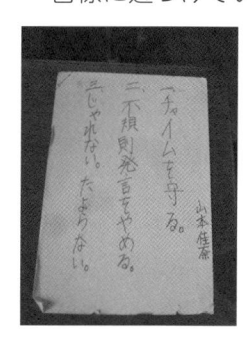

▲短期・中期の目標

② 「相手への思いやり」はかけ算になる
　私は、子どもたちにコミュニケーション力について指導する際、次のような公式を教えるようにしています。

コミュニケーション力＝（態度＋内容＋声）×相手への思いやり

　友達とかかわる際の態度・内容・声はたし算ですが、相手への思いやりはかけ算なのです。
『相手に聞こえる声で話しなさい』
『話している人を見ながら聞きなさい』
『もっと進んで発表しましょう』
などの指導も大切ですが、相手のことを考え思いやる心を育てていくように心がけるべきです。
「もっと友達と仲良くなりたい」「もっと学級のみんなと成長したい」というような思いが十分に育っていない子どもには、技術的なことはなかなか入っていかないように思います。
　その時の子どもたちの心の成長をていねいに見取りながら、実態に合わせながらコミュニケーション力を高めていく指導をしていきましょう。

おわりに

　「菊池学級のことをかたちにしませんか？「『菊池学級』のつくり方」という角度でまとめませんか？」と１年前に中村宏隆氏に言われ、「おもしろいですね。やってみましょうか」と答えてから、時間ばかりが過ぎていきました。

　その後、中村氏と会うたびに、
「全国の先生方が待っています。『菊池学級』を広げて、コミュニケーション力あふれる教室を日本中に広げましょう」
といった激励のお言葉をいただいていました。

　しかし、私の中で気持ちは固まっていたのですが、日々の子どもたちとの教室があり、週末は全国に講演やセミナーに出かけていく日々が続き、なかなか書き始めることができませんでした。

　そんな中、全国に２０以上ある「菊池道場」支部のメンバーや訪れた講演先で出会った多くの先生方からも、
「そんな本が欲しかった。全国の先生方みんなそうです。ぜひ書いてください。応援します」
「遅いくらいです。菊池道場の一人として協力します。やりましょう。子どもたちのためにもがんばりましょう」
「教室や北九州道場にいつも行けるわけではありません。菊池学級の教室の事実を少しでも知らせてください」
「映像や写真で見たあんな学級を作りたいのです。楽しみにしています」
といった、前向きな言葉や期待を込めたお言葉をかけていただいていました。

　私が毎年行っている教室での指導が、全国の教室の中でどれほどの力

を発揮するのかは、正直100パーセントの自信はありません。しかし、過去30年間に出会った子どもたち、学級の変化、成長をあらためて振り返ってみると、先生方や子どもたちのために少しは役立つのではないかと思っています。

　今回このようなかたちで、子どもたちの事実と私の教室の中での指導の事実がまとめられたのも、ともに学び合う「菊池道場」の仲間たちのおかげです。深夜早朝まで執筆につき合ってくれました。このような仲間と出会っていることを誇りに思っています。
　ありがとうございました。

　また、このような機会を与えていただいた中村堂・中村宏隆氏にも感謝申し上げます。出版社中村堂の記念すべき第1作目が本著になることをうれしく思っています。

　コミュニケーション力あふれる『菊池学級』が、全国に広がっていくことを心から願っています。

　この本が、子どもたちの明るい未来に少しでも役立つようであれば幸いです。

2014年3月　菊池　省三

著者紹介

第1章・第2章 ▶ 菊池省三（きくち・しょうぞう）

　1959年愛媛県生まれ。山口大学教育学部卒業。元福岡県北九州市公立小学校教諭。文部科学省の「『熟議』に基づく教育政策形成の在り方に関する懇談会」委員。
平成30年度　高知県いの町教育特使。大分県中津市教育スーパーアドバイザー。三重県松阪市学級経営マイスター。岡山県浅口市学級経営アドバイザー。著書は、『『白熱する教室』を創る8つの視点』「楽しみながらコミュニケーション力を育てる10の授業」（共に中村堂）はじめ多数。

第3章 ▶ 田中聖吾（たなか・せいご）
　福岡県公立小学校勤務

第4章 ▶ 井上楽人（いのうえ・らくと）
　福岡県公立小学校勤務

第5章 ▶ 井上洋祐（いのうえ・ようすけ）
　福岡県公立小学校勤務

第6章 ▶ 中雄紀之（なかお・のりゆき）
　福岡県公立小学校勤務

第7章 ▶ 谷川康一（たにがわ・こういち）
　福岡県公立小学校勤務

※すべて2019年2月1日現在

コミュニケーション力あふれる「菊池学級」のつくり方

2014年4月1日　第1刷発行
2019年3月1日　第3刷発行

著　／菊池省三　菊池道場
発行者／中村宏隆
発行所／株式会社　中村堂
　　　〒104-0043 東京都中央区湊3-11-7
　　　湊92ビル 4階
　　　Tel.03-5244-9939　Fax.03-5244-9938
　　　ホームページアドレス　http://www.nakadoh.com

表紙・デザイン／佐川印刷株式会社
表紙イラスト／佐藤友美
印刷・製本／佐川印刷株式会社

◆定価はカバーに記載してあります。
◆乱丁・落丁の場合はお取り替えいたします。

ISBN978-4-907571-00-9